全国技工院校公共课教材

物理

（第六版）

人力资源社会保障部教材办公室　组织编写

WULI

中国劳动社会保障出版社

图书在版编目（CIP）数据

物理 / 王金雨主编. -- 6 版. -- 北京：中国劳动社会保障出版社，2019
ISBN 978-7-5167-4120-7

Ⅰ. ①物… Ⅱ. ①王… Ⅲ. ①物理课 - 中等专业学校 - 教材 Ⅳ. ①G634.71

中国版本图书馆 CIP 数据核字（2019）第 187808 号

中国劳动社会保障出版社出版发行

（北京市惠新东街 1 号 邮政编码：100029）

*

三河市燕山印刷有限公司印刷装订 新华书店经销

787 毫米 ×1092 毫米 16 开本 11.25 印张 167 千字

2019 年 9 月第 6 版 2023 年 5 月第10次印刷

定价：22.00 元

营销中心电话：400-606-6496

出版社网址：http：//www.class.com.cn

http：//jg. class. com. cn

前言

近年来，职业教育改革加速推进，技工院校物理课需要为专业课提供更好的支持，还需要增强对科学兴趣、科学方法和科学态度的培养。为此，我办组织编写物理教材的过程中，强调如下思路：

1. 体现实用价值

本次修订对教学内容重新进行了拣选。充实了热学、周期运动等内容，适当补充了几何光学，从而加强对焊接、化工、模具加工、精密制造等专业的支撑，形成更宽广有力的基础平台。

此外，本书通过正文以及“知识窗”“阅读材料”等专栏的形式，展示物理理论在生产和生活中的广泛应用，利于加深学生对科学理论重要性的认识，培养正确的价值观。

2. 创新内容架构

教材的章节组织，必以符合认知规律为目标。本次修订，将运动变化置于受力分析之前，将自由落体运动置于匀变速运动之前，即遵从由现象到本质、由具体到一般的原则。教材编写过程还注重融入“做中学，学中做”的理念，改变章节内部知识编排顺序，便于实验课程的开展，从而为学生通过实践获得知识铺平道路。

3. 培养科学素养

对科学素养的培养，首重激发科学探索的兴趣。本次修订增设了“体验与探索”专栏，以小制作、课内外活动和课题研究等形式调动学生的主动意识，促使学生更积极地投入学习过程。

科学方法是科学素养的主要内涵，不仅适用于科学研究，也通用于生产和生活实践，是物理课作为公共课程所要传授的基本内容之一。本书通过边栏旁注、正文介绍等多种形式，因循物理理论的讲解，阐述提炼理想模型、建立比例关系等基本方法，增强学生认识和分析客观事物的能力，为其日后的职业生涯提供帮助。

除以上三点外，本次修订延续了前五版的优势，配有齐备的教学资源，主要包括习题册、实验指导书、教学参考书等品种。

本书由王金雨、王勇、金利俊、杨文龙、黄立刚编写，王金雨担任主编。《物理》教材的编写还得到了江苏、湖南、陕西、广西等省、自治区人力资源和社会保障厅及有关学校的支持和帮助，在此一并表示衷心的感谢。

人力资源社会保障部教材办公室

目　录

Contents

第1章 怎样描述物体的运动

§1.1 走近运动

一、参考系

走进大自然，我们就走进了运动的世界：大漠上扬起的阵阵沙尘，飞驰的火车，奔腾的江水……“飞流直下三千尺，疑是银河落九天”“天苍苍，野茫茫，风吹草低见牛羊”“坐地日行八万里，巡天遥看一千河”等诗句更揭示了世界万物均在运动的真谛。

想一想

高铁车厢内的乘客，在黑夜里往往难以判断火车是否在行驶，如图1—1—1所示。这是为什么？

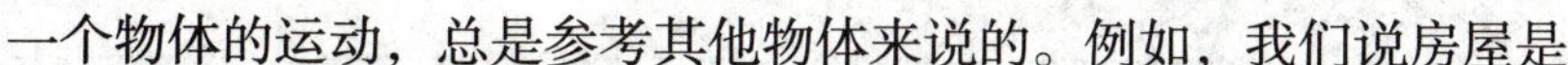

图1—1—1

一个物体的运动，总是参考其他物体来说的。例如，我们说房屋是静止的，行驶中的汽车是运动的，这是以地面为参考来说的。坐在行驶的火车里的乘客，认为自己是静止的，车窗外的树木在后退，这是以车厢为参考来说的。在描述物体运动时，被选来作为参考的物体，叫作**参考系**。

选择的参考系不同，观察到的运动也往往不同。例如，在没有风的雨天，一个站在地面上没有走动的人和快步行走中的另一个人，所看到的雨滴运动情况是不一样的（图 1—1—2）。可见，**不指明确定的参考系，运动就无法描述**。

图 1—1—2

描述一个物体的运动，可以选择不同的参考系。至于选择哪个物体作为参考系，应根据问题的性质和研究问题的方便而定。例如，研究地面物体的运动，一般选地面为参考系。而在研究太阳系中行星的运动时，则以太阳作参考系为宜。

想一想

宋代诗人陈与义《襄邑道中》一诗曰：“飞花两岸照船红，百里榆堤半日风。卧看满天云不动，不知云与我俱东。”这首诗中，对于运动相对性的描述生动传神，你怎样理解呢？

知识窗

坐 标 系

为了定量描述物体的位置变化，还需要在参考系上建立适当的坐标系。如果物体沿直线运动，为描述其位置的变化，可以以这条直线为 x 轴，在直线上规定原点、正方向和单位长度，建立直线坐标系。对于平面运动的物体，比如溜冰场上的花样滑冰运动员，我们可以建立平面直角坐标系来描述他的位置；对于在空中飞行的飞机，我们则可以建立三维直角坐标系来描述它的位置。

二、质点

研究运动时，如果物体上各点运动情况都相同，我们完全有理由把这样的物体看成一个点来处理。可是，有些物体在运动时，各部分运动情况并不相同。这时，我们如何来处理呢？

物体上各点运动情况都相同的运动叫作平动。

例如，地球绕日公转时，地球上各点的运动并不相同。但是，由于地球本身的尺寸（D=1.3 × 10^7 m）与地日间的距离（d=1.5 × 10^{11} m）相比小得多，地球上各点绕日公转运动的差异微乎其微，这样，在研究地球绕日公转运动时，也完全可以把地球视为一个点。这种只有质量、没有大小的理想的点叫作**质点**。

现阶段，我们所研究的物体大多数可以看作质点，因此如果不做特别说明，本书对物体和质点不做区别。

质点是为了研究运动而引入的一种理想模型。建立理想模型时，人们可忽略物体大小、形状等对所研究的运动没有影响或影响极其微弱的因素，极大地简化了对运动的研究。

想一想

是不是所有物体都可以当成质点来处理？你能举出一些将运动物体看作质点的实例吗？

三、位移和时间

位移和路程 如图 1—1—3 所示，某学生家在 A 地，学校在正东方向 B 地，两地相距 1 000 m。上学时有两条线路可供选择，一条沿路径

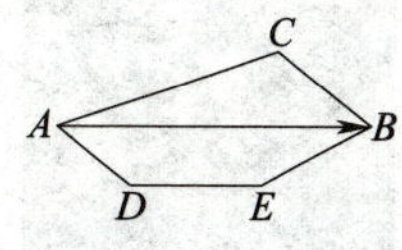

图 1—1—3

ACB，另一条沿路径 *ADEB*。上学时，他选择不同的路径，走过线路的长度不相同，但是，就位置变动来说，他总是由初位置（家）到达位于正东方向 1 000 m 的末位置（学校）。

只要运动质点的初、末位置确定下来，不管沿怎样的路径运动，物体的位移是相同的。

为了描述物体的位置变动，我们引入了位移的概念。在图 1—1—3 中，学生从初位置 *A* 运动到末位置 *B*，从 *A* 指向 *B* 的有向线段 *AB*，就可以用来表示物体的**位移**。位移的大小是线段 *AB* 的长度，位移的方向是初位置 *A* 指向末位置 *B* 的方向。

位移有大小，也有方向，是矢量，通常用字母 *s* 表示。在国际单位制中，位移的单位是 m（米）。

想一想

“条条大路通罗马”，从位移的角度，你如何理解这句话？

与位移不同，路程只有大小，没有方向，是标量。

我们在初中已经知道，路程是质点运动轨迹的长度。在图 1—1—3 中，质点位移是有向线段 *AB*，而路程是折线 *ACB* 或 *ADEB* 的长度。

例题　某汽车沿正东方向直线行驶 200 m 后，改道沿正南偏东方向 25°行驶 250 m，求汽车的位移。

分析　采用作图法求位移。选择一恰当的比例（标度），画出汽车的位移，通过测量求得汽车位移的大小及方向。今后同学们要注意，求解矢量时，一般应同时求出大小和方向。

解　用作图法求解。选择某一标度，如取长为 10 mm 的线段表示 100 m 的距离，作出汽车的位移，如图 1—1—4 所示。经测量得，汽车位移大小 *s*=380 m，方向正东偏南 37°。

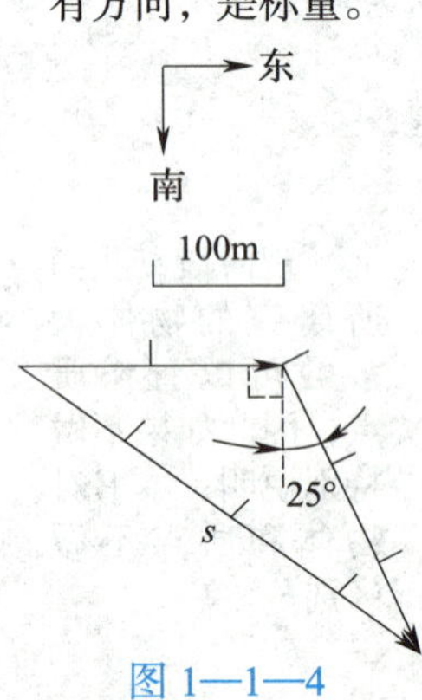

图 1—1—4

知识窗

纳米与纳米材料

纳米是一个长度单位，符号为 nm，1 nm=10^{-9} m。

1 nm 约等于 10 个氢原子一个挨一个排成直线的长度。

纳米级结构材料简称为纳米材料，其结构单元尺寸为 1 ~ 100 nm（图 1—1—5）。由于它的尺寸已经接近电子的相干长度，并已接近可见光的波长，加上其具有大表面的特殊效应，其所表现的特性，如熔

图 1—1—5

点、磁性、光学、导热、导电等，往往不同于该物质处于整体状态时所表现的性质。

纳米技术是20世纪90年代出现的一门新兴技术，它的应用研究正在半导体芯片、癌症诊断、光学新材料和生物分子追踪等领域高速发展。可以预测，在不久的将来，纳米技术将获得更为广泛的应用。

时刻和时间间隔 某次日偏食，开始于9时10分，结束于9时30分，历时20 min。这一事件开始（9时10分）和结束（9时30分）所对应的是时刻，事件过程（即结束时刻和开始时刻之差）所对应的是时间（20 min）。

时刻是指某一瞬时，**时间**是指两个时刻之间的间隔。质点运动时，时刻与质点所在某一位置相对应，时间与质点所经历的某一段位移或路程相对应。

直线运动的位置和位移 物体做直线运动（图1—1—6）。物体在 t_1 时刻处于"位置" x_1，在 t_2 时刻处于"位置" x_2。那么，x_2-x_1 就是物体的"位移"，记为

$$\Delta x=x_2-x_1$$

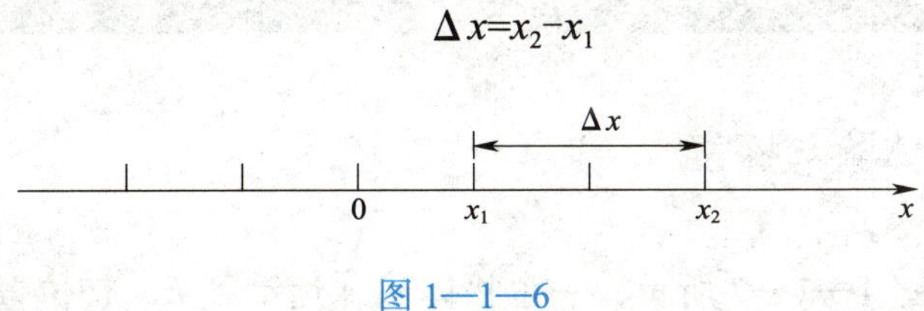

图1—1—6

同样地，可以用 Δt 表示物体从位置1到位置2的时间，即

$$\Delta t=t_2-t_1$$

科学漫步

北斗卫星导航系统（BDS）

中国北斗卫星导航系统（BeiDou Navigation Satellite System，BDS）是中国自行研制的全球卫星导航系统，是继美国全球定位系统（GPS）、俄罗斯格洛纳斯卫星导航系统（GLONASS）之后第三个成熟的卫星导航系统。北斗卫星导航系统（BDS）和美国GPS、俄罗斯

GLONASS、欧盟 GALILEO 同为全球卫星导航系统国际委员会认可的四大全球卫星导航系统。

北斗卫星导航系统由空间段、地面段和用户段三部分组成，可在全球范围内全天候、全方位为各类用户提供高精度和高可靠的定位、导航、授时服务，并具短报文通信能力。北斗卫星导航系统目前已经初步具备区域导航、定位和授时能力，定位精度 10 m，测速精度 0.2 m/s，授时精度 10 ns。

2017 年 11 月 5 日，中国第三代导航卫星顺利升空，标志着中国正式开始建造北斗卫星导航系统。

体验与探索

1. 如图 1—1—7 所示，一个物体从 A 运动到 B，初位置的坐标是 $x_A=3\ \text{m}$，末位置的坐标是 $x_B=-2\ \text{m}$，它的位移应怎样表示？如果物体从 B 运动到 A，它的位移又应怎样表示？

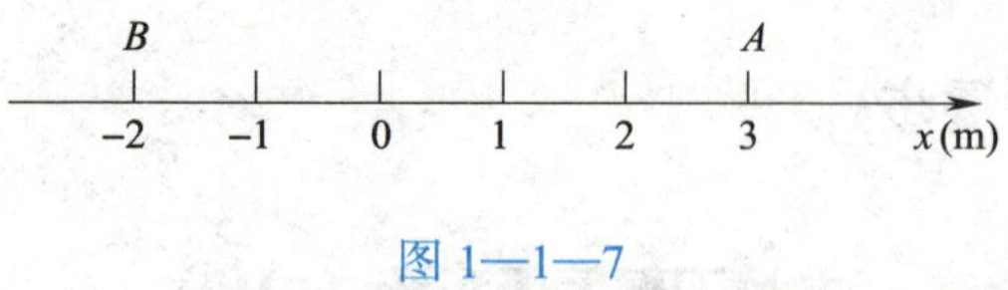

图 1—1—7

2. 某人从 A 出发朝正东方向走了 300 m 到 B，然后他再从 B 朝正北方向走了 400 m 到 C，请分别计算出这个人两段行程的位移以及从 A 出发到达 C 的位移，通过分析这三段位移之间的关系，你能总结出位移、速度等矢量合成的一般规律吗？

练习与巩固

1. “小小竹排江中游，巍巍青山两岸走”，从物理学的角度，你怎样理解这句话？

2. 某人绕标准 400 m 跑道跑了两圈，他跑过的路程是_______m，位移是_______m。

3. 火车早晨 8 时由南京准时开往上海，历时 100 min 到达上海车站，则________表示时间，________表示时刻。

§1.2 怎样描述运动的快慢

一、速度

从图 1—2—1 中可以看出，不同的运动，快慢程度并不相同，有时相差很大。

图 1—2—1

例如，百米赛跑中，用时 12 s 的运动员比用时 15 s 的运动员跑得快；自行车在 2 h 内能骑行 18 km，而汽车能行驶 90 km，显然，汽车比自行车运动得快。为了比较运动的快慢，我们引入了速度的概念。

速度是表示运动快慢的物理量，它等于位移与发生这段位移所用时间的比值，速度通常用 v 表示。

如果在时间 Δt 内物体的位移为 Δx，它的速度就可以表示为

$$v=\frac{\Delta x}{\Delta t} \quad (1)$$

在国际单位制中，速度的单位是**米每秒**，符号是 m/s。常用的单位还有千米每时（km/h）、厘米每秒（cm/s）等。

速度是矢量，它的方向与物体的运动方向相同，速度的大小在数值上等于单位时间内位移的大小。

做一做

测量绕操场走一圈的步行速度，并将这个用速度单位 m/s 表示，感受一下 1 m/s 左右的速度大小。

二、平均速度　瞬时速度

人们日常所说某物体运动的速度是多大，一般指的是平均速度。常见物体的平均速度如表 1—2—1 所示。

平均速度　一般来说，在某一时间间隔 Δt 内里，物体运动的快慢并非总是相等的，所以根据公式（1）求得的速度，严格地说仅表示物体在时间间隔 Δt 内的平均快慢程度，称为**平均速度**。考虑平均速度时，必须指出是哪段时间或哪一路段上的平均速度。

表 1—2—1　常见事物的平均速度　m/s

普通步行	约 1.5	空气中的声音（0℃）	331
比赛中的短跑运动员	约 10	大型客机	约 300
骑行中的自行车	约 5.5	普通炮弹	约 1.0×10^3
大型军舰	约 9.5	步枪子弹	约 900
普通摩托车	约 23	地球绕日	3.0×10^4
动车组	约 41.6	真空中的光	3.0×10^8

做一做

请你尝试把表 1—2—1 中的速度值换算成以 km/h 为单位的速度值。

瞬时速度　平均速度表示物体在某段时间内的平均快慢程度，只能粗略地描述物体运动的快慢。若使描述更精确些，就要把 Δt 取得小一些，使得物体从 t 到 $t+\Delta t$ 这样一段较小的时间间隔内的运动快慢差异小一些。Δt 越小，运动的描述就越精确。

可以推想，如果 Δt 非常小，就可以认为 $\frac{\Delta x}{\Delta t}$ 表示的是物体在时刻 t 的速度，这个速度叫作**瞬时速度**。

“速度”一词有时指瞬时速度，有时指平均速度，这要根据上下文判断。

物理学中把速度的大小叫作**速率**。日常生活中提及的“速度”大多指的是速率。图 1—2—2 所示为汽车速度计，指针所指的数值就是某时刻汽车的速率。

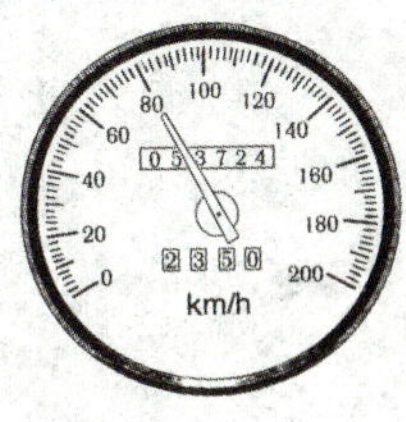

图 1—2—2

体验与探索

著名物理学家、诺贝尔奖获得者费恩曼曾讲过这样一则笑话：一位女士由于驾车超速而被警察拦住。警察走过来对她说：“太太，您刚才的车速是 60 英里每小时！”（1 英里 =1.609 千米）这位女士反驳说：“不可能！我才开了 7 分钟，还不到一小时，怎么可能走了 60 英里呢？”“太太，我的意思是：如果您继续像刚才那样开车，在下一个小时里您将驶过 60 英里。”“这也是不可能的。我只要再行驶 10 英里就到家了，根本不需要再开过 60 英里的路程。”

从物理学的观点看，这位女士没有弄清哪些科学概念？

练习与巩固

1. 单位换算：1 m/s=_______km/h；54 km/h=_______m/s。

2. 如图所示是高铁车厢内可实时显示相关信息的显示屏，图中甲、乙两处的数据分别表示了两个物理量，下列说法正确的是（　　）。

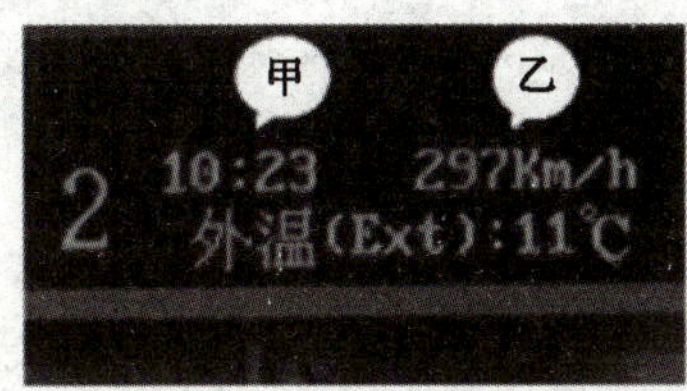

A. 甲处表示时间，乙处表示瞬时速度
B. 甲处表示时刻，乙处表示瞬时速度
C. 甲处表示时间，乙处表示平均速度
D. 甲处表示时刻，乙处表示平均速度

3. 下列关于速度的说法正确的是（　　）。

A. 速度是描述物体位置变化大小的物理量
B. 速度大小等于单位时间内物体通过位移的大小
C. 速度只有大小没有方向，是标量
D. 物体做匀速直线运动时，速度大小与位移大小成正比，与时间成反比

4. 下列速度指的是平均速度还是瞬时速度？

A. 某同学百米赛跑的速度约为 9 m/s

B. 运动员百米冲线时的速度为 12 m/s

C. 汽车速度计指示速度为 60 km/h

D. 子弹离开枪口时的速度为 1 000 m/s

科学漫步

中国高铁——国家名片

中国高铁已经用 2.5 万公里的营运里程织就了一张全球最大的高铁网，中国 30 个省会级城市和直辖市尽在其中，平均每天运送超过 400 万人次旅客往返于各个城镇之间。

中国还刷新着高铁商业运营速度的世界纪录：2017 年 9 月 21 日，7 对“复兴号”列车在京沪高铁首次跑出 350 km/h 的运营速度，超过了此前世界最快的法国 TGV 和日本新干线 320 km/h 的运营速度，成为真正意义上的第一。值得一提的是，“复兴号”是完全由我国自主研发的标准动车组！

§1.3 怎样描述速度变化的快慢

一、速度变化快慢的描述 加速度

图 1—3—1

加速度 物体做不同的运动，速度改变的快慢是不同的。火车启动时速度增加得很慢，火箭发射（图 1—3—1）时速度增加得很快。那么，我们怎样描述速度改变的快慢呢？

一列火车开动时，它的速度在 2 min 内从 0 增加到 40 m/s；一架飞机起飞时，它的速度在 2 s 内从 0 增加到 10 m/s。谁的速度改变得快些？

为了便于比较，我们选择相同的单位时间（1 s），比较两个物体速度改变的大小。火车在 1 s 内速度的变化量为 $\frac{40-0}{2\times 60}$ m/s=0.33 m/s，飞机在 1 s 内速度的变化量为 $\frac{10-0}{2}$ m/s=5 m/s。可见，飞机的速度改变比火车快得多。为了描述速度改变的快慢，我们引入了加速度的概念。

加速度是表示速度改变快慢的物理量，它的大小等于单位时间内速度变化的大小。

用 v_0 表示物体运动的初速度，用 v_t 表示经过一段时间 t 后的末速度，用 a 表示加速度，则有

$$a=\frac{v_t-v_0}{t}$$

在国际单位制中，加速度的单位是**米每二次方秒**，符号是 m/s^2。

加速度的方向和正负 研究直线运动时，我们通常规定初速度方向为正方向。如图 1—3—2 所示，当加速度方向与初速度方向一致时，加速度是正值；当加速度方向与初速度方向相反时，加速度是负值。

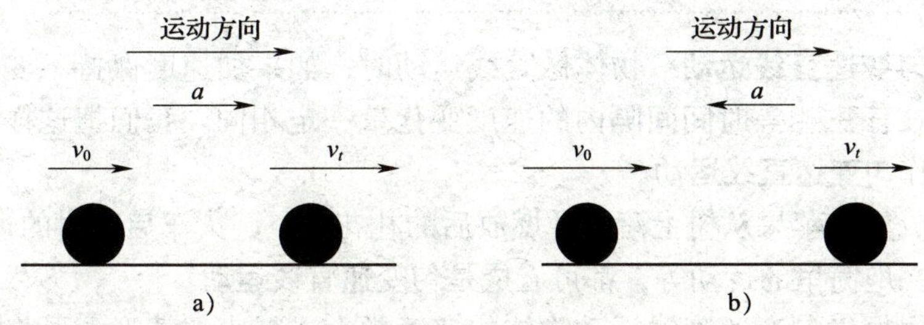

图 1—3—2

想一想

由加速度公式 $a=\frac{v_t-v_0}{t}$ 似乎可以看出，加速度大小与速度大小有这样的关系：速度大，加速度就大，或者速度改变大，加速度也大。你是怎样认识速度与加速度之间的关系的？你同意以上说法吗？请说明理由。

知识窗

变化率

西红柿在成熟过程中，它的大小、含糖量等会随着时间而变化；树木在成长过程中，它的高度、树干的直径会随着时间而变化；河流、湖泊的水位会随着时间而变化；某种商品的价格也会随着时间而变化……这些变化有时快，有时慢。描述变化快慢的量就是**变化率**。

自然界中某量 D 的变化可以记为 ΔD，发生这个变化所用的时间间隔可以记为 Δt，变化量 ΔD 与 Δt 的比值 $\Delta D/\Delta t$ 就是这个量的变化率。显然，变化率在描述各种变化规律过程中起着非常重要的作用，速度和加速度就是两个很好的例子。

变化率表示变化的快慢，不表示变化的大小。速度大，加速度却不一定大。比如匀速飞行的高空侦察机，尽管它的速度能够接近 1 000 m/s，但它的加速度为 0；相反，速度小，加速度也可以很大。比如枪筒里的子弹，在扣动扳机火药刚刚爆发的时刻，尽管子弹的速度接近于 0，但它的加速度可以达到 $5\times10^4\ \mathrm{m/s^2}$。

匀变速直线运动　物体做直线运动时，如果加速度保持不变，那么它在任意相等时间间隔内的速度变化量一定相同。我们把这样的运动叫作**匀变速直线运动**。

成熟的苹果从树上落下、燃放后的礼花升空、火车启动时的运动、炮弹在炮筒里的运动等，都可看成是匀变速直线运动。

根据做匀变速直线运动物体的速度增大或减小的情形，可将匀变速直线运动分别叫作匀加速直线运动、匀减速直线运动。

想一想

物体做匀速直线运动时的加速度是多大？

二、应用举例

例题 1　做匀变速直线运动的汽车，在 10 s 内速度从 5 m/s 增加到

10 m/s，求汽车的加速度（图 1—3—3）。

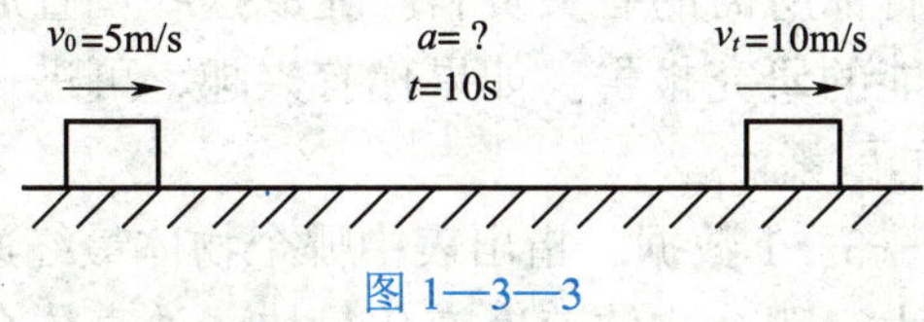

图 1—3—3

解 汽车运动过程如图 1—3—3 所示。由加速度公式 $a=\frac{v_t-v_0}{t}$可得

$$a=\frac{10-5}{10}\ \text{m/s}^2=0.5\ \text{m/s}^2$$

加速度 a 是正值，表示加速度方向与汽车初速度方向一致，说明汽车做匀加速直线运动。

例题 2 汽车开始紧急制动时速度是 10 m/s，经过 2 s，汽车停了下来，求汽车的加速度。

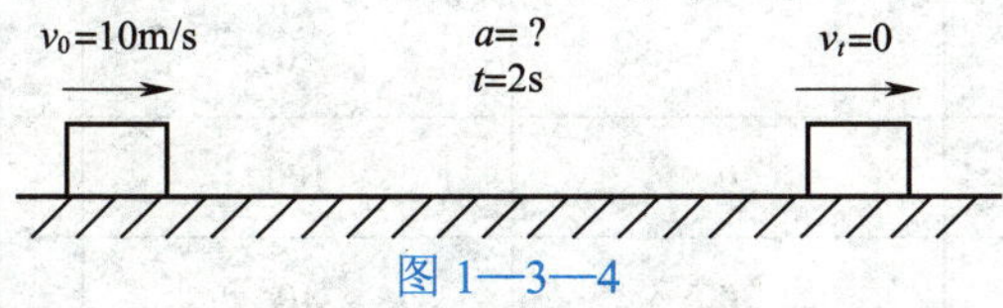

图 1—3—4

分析 汽车从制动开始到停止的过程（图 1—3—4）可近似看成匀变速直线运动。

解 由加速度公式 $a=\frac{v_t-v_0}{t}$可得

$$a=\frac{0-10}{2}\ \text{m/s}^2=-5\ \text{m/s}^2$$

加速度 a 是负值，表示加速度方向与汽车初速度方向相反，说明汽车做匀减速直线运动。

体验与探索

1. 调查各类动力车辆的加速性能。加速性能是衡量车辆性能的重要指标。加速性能大的车辆，能在很短的时间内提高较大的速度，启动时间短。不同类型车辆的加速性能一般不相同，那么车辆的加速性能与哪些因素有关呢？请同学们走近车辆用户，实地调查车辆的加速性能。如果你家附近有大型车辆销售网点，你可亲自参观一下，通过

索取有关资料，了解不同车辆的加速性能。如果没有其他办法，尝试登录互联网，查看你所需的有关资料。完成这些调查后，写一篇关于动力车辆加速性能的研究报告。如果你有兴趣，可进一步研究影响车辆加速性能大小的因素。

2. 分析表 1—3—1 数据，指出表中哪个物体最终速度最大，哪个物体速度变化最大，哪个物体速度变化最快。认真体会速度、速度的变化量和速度的变化快慢程度之间的区别。

表 1—3—1　　一些物体的速度变化

	初始速度 v_0（m/s）	经过时间 t（s）	最终速度 v_t（m/s）
自行车下坡	2	3	11
公共汽车出站	0	3	6
潜艇出航	0	20	6
火车出站	0	100	20
飞机在空中飞行	300	10	300

练习与巩固

1. 关于速度和加速度的关系，下列说法正确的是（　　）。

A. 加速度很大，说明速度一定很大

B. 加速度很大，说明速度的变化一定很大

C. 加速度很大，说明速度的变化率一定很大

D. 只要有加速度，速度就会不断增加

2. 汽车以 36 km/h 的速度行驶，现以 0.6 m/s^2 的加速度加速，10 s 后速度达到多少？

第2章

伽利略与落体运动

§2.1　伽利略对落体运动的探索

一、对落体运动的初步认识

物体从高处下落，是生活中常见的现象。例如，枯叶飘落，露珠从树叶上滑落，成熟的苹果从树上下落。对于这些现象，人们自然会问：物体下落的快慢和它自身的质量大小有没有关系呢？

早在公元前4世纪，古希腊伟大的思想家、哲学家亚里士多德通过对上述类似现象的观察得出结论：重的物体比轻的物体下落得快。在此后长达近2 000年的时间里，亚里士多德的论断一直为人们所信奉。

直到16世纪末，意大利物理学家伽利略提出了一个佯谬，动摇了亚里士多德的论断。

伽利略

知识窗

伽利略佯谬

把一块大石头与一块小石头捆在一起下落。按亚里士多德的说法，原来落得快的大石头要被落得慢的小石头拖着，下落速度就要变慢；原来落得慢的小石头被落得快的大石头拉着，下落速度就要变快。因此，两块石头捆在一起下落的速度应介于大石头和小石头之间。可是，两块石头捆在一起不是变得更重了吗？应该比单独一块大石头或小石头落得更快些呀！可见，亚里士多德的说法自相矛盾，不能成立。

事实上，由于没有考虑到空气阻力对物体运动的影响，才导致人们对于落体运动产生了类似亚里士多德的片面认识。

于是，伽利略推断：如果能够排除空气阻力的影响，那么轻重物体下落快慢是完全一样的。或者说：**在排除空气阻力影响的情况下，物体下落的速度变化与物体的质量大小无关。**

二、伽利略对落体运动规律的探索

提出问题 在否定了亚里士多德的说法后，伽利略踏上了认识落体运动规律问题的探究之路。

作出假设 通过观察与思考，伽利略作出了一个大胆的假设：下落物体的速度是随着时间均匀增加的，即

$$v \propto t$$

数学推理 对于速度的测量，在当时十分困难。伽利略通过数学推理的方法，将求证 $v \propto t$ 转化为求证 $s \propto t^2$。显然，相对于速度 v，距离 s 要容易测量得多。

实验验证 通过大量实验，伽利略得到了重要的实验结果：对于不同的物体，它的位移与时间平方的比值是固定的，即

$$\frac{s_1}{t_1^2}=\frac{s_2}{t_2^2}=\frac{s_3}{t_3^2}=\cdots=\text{常数}$$

或

$$s \propto t^2$$

得出结论 至此，当初的假设得到了验证。于是，伽利略得出：**物体下落的速度变化与物体的质量大小无关，其速度随时间均匀增加。**

三、伽利略与物理学研究方法

伽利略对落体运动的研究思路概括如下：

提出问题→作出假设→数学推理→实验验证→得出结论

伽利略在落体运动研究中所运用的一整套研究方法，在科学研究中具有典型意义。正如爱因斯坦所说：“伽利略的发现以及他所使用的科学推理方法，是人类思想史上最伟大的成就之一，标志着物理学的真正开端。”

四、当代技术下的落体运动研究

伽利略在17世纪所开展的落体运动实验研究中，“计时”和“定位”是很困难的，测量结果也不是很精密。

借助于频闪照相等现代技术，如今对落体运动规律的研究就不再是个难题了。

知识窗

频闪照相

频闪照相是指通过频繁闪光来进行拍照的方法。在拍摄过程中，照相机相邻两次曝光的时间间隔保持不变，通过连续曝光记录物体的位置。而且，通过缩短相邻两次曝光的时间间隔，可以更为精确地记录物体的位置。

图2—1—1所示为利用频闪照相方法拍摄小球做落体运动时的照片（相邻两次曝光的时间间隔为0.033 s）。

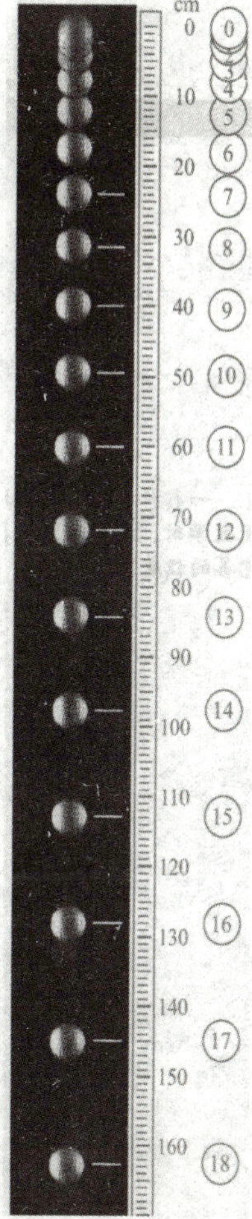

图2—1—1

想一想

除频闪照相外，我们还学习过其他记录物体运动轨迹的方法吗？

体验与探索

1. 请同学准备两张同样的纸，将一张反复折叠成小纸团，另一张展开。从同一高度释放，观察它们的下落情况。请你分析比较实验的结果。

2. 根据频闪照片图 2—1—1，填写并分析表 2—1—1，找出距离 s 与时间 t 之间的关系（时间 t 是 0.033 s 的整数倍，位移 s 的单位是 cm）。

表 2—1—1

t					
s					

练习与巩固

1. 伽利略用实验验证 $s \propto t^2$ 的困难是（　　）。

   A. 不能较准确地测量下落的距离

   B. 没有测量时间的仪器

   C. 不能测出下落物体的速度

2. 列出这一节中你所认识的科学研究方法。

____。

科学漫步

伽利略“冲淡重力”实验

伽利略在研究落体运动规律时，为了便于“计时”和“定位”，就要使小球落得慢一些。于是，伽利略采用斜面来“冲淡重力”。

伽利略在长达 8 m 的木板上刻出一条光滑的槽，然后将其倾斜放置，并使斜面的倾角可任意调整。斜面角度越小，小球滚动就越慢，这就好比“冲淡”了重力。

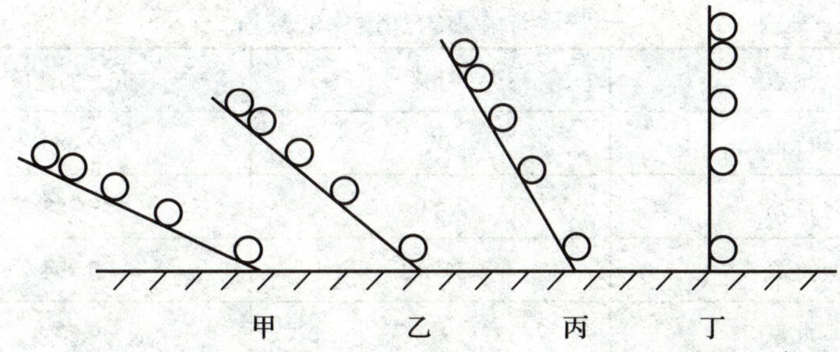

在这个斜面上，伽利略做了不同质量、不同倾角小球滚动的多个实验后发现：不同小球在同一倾角的斜面上滚动时的速度变化情况是相同的。他认为，当斜面倾角接近或等于90° 时，小球的滚动就变成了自由下落。于是，通过“冲淡重力”斜面实验，伽利略得出了落体运动规律。

伽利略“冲淡重力”斜面实验被著名的英国《物理世界》杂志评为“物理学史上最美丽的十大实验”之一。

§ 2.2　自由落体运动

一、运动性质

物理学中，把物体只在重力作用下从静止开始下落的运动叫作**自由落体运动**。

从伽利略对落体运动的探索中我们知道，自由落体运动是一种速度均匀增加的运动。由于物体是从静止开始下落的，因此，**自由落体运动是初速度为零的匀加速直线运动，它的加速度是恒定的**。

> 自由落体运动是物理学中定义的一种理想运动，它与定义质点所采用的科学方法是一样的。

自由落体运动的加速度叫作**重力加速度**，用 g 来表示，它的大小约为 9.8 m/s^2，方向竖直向下。

知识窗

重力加速度的数值

实验表明，在地球上同一地方，重力加速度 g 是相等的；在不同的地方，重力加速度 g 的大小是不同的。表 2—2—1 列出了一些地方的重力加速度的数值。

表 2—2—1　　一些地方的重力加速度的数值　　m/s^2

地点	纬度	重力加速度
赤道	0°	9.780
广州	23°06′	9.788
上海	31°12′	9.794
北京	39°56′	9.801
纽约	40°40′	9.803
莫斯科	55°45′	9.816
北极	90°	9.832

二、速度和位移的计算公式

速度公式　根据加速度公式 $a=\frac{v_t-v_0}{t}$，对于自由落体运动，$v_0=0$，$a=g$，因此，物体下落经过时间 t 的速度

$$v_t=gt$$

自由落体运动的速度-时间（*v-t*）图像是一条通过原点的斜直线，如图 2—2—1 所示。

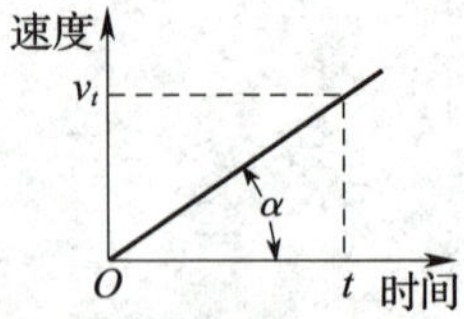

图 2—2—1

位移公式　与匀速直线运动类似（图 2—2—2），自由落体速度-时间图像中（图 2—2—3）阴影部分面积 $\frac{1}{2}v_t t=\frac{1}{2}gt^2$ 对应着物体在时间 t 内的位移，即

$$h=\frac{1}{2}gt^2$$

物体在时间 t 内的位移 $s=vt$，对应着图 2—2—2 中阴影部分的面积。

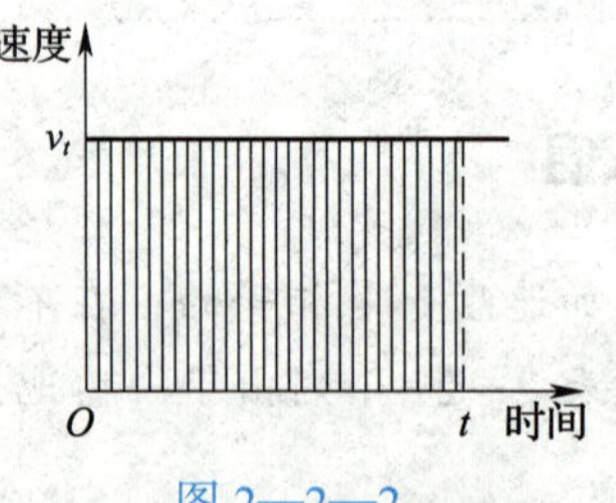

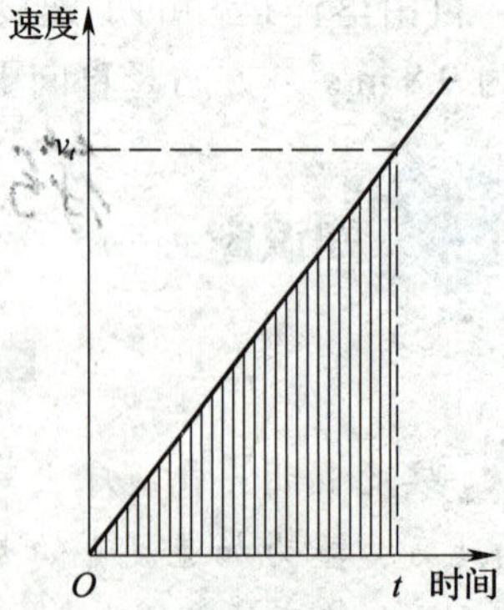

图 2—2—2

图 2—2—3

例题 小玻璃球从三楼阳台自由下落，测得落地所需的时间为1.3 s，求阳台距离地面的高度及小玻璃球落地时的速度。

解 小玻璃球做自由落体运动，由公式 $h=\frac{1}{2}gt^2$ 可得

$$h=\frac{1}{2}\times 9.8\times 1.3^2\ \text{m}\approx 8.3\ \text{m}$$

由公式 $v_t=gt$ 可得

$$v_t=9.8\times 1.3\ \text{m/s}\approx 12.7\ \text{m/s}$$

体验与探索

1. 现给出一个利用水滴下落测算当地重力加速度的实验：制作一个带有可调阀门的蓄水装置，在阀门正下方放置一个盘子，让水滴落在盘子上（把盘子垫起来，能清晰地听到水滴碰撞盘子的响声）。细心调整阀门，使第一滴水滴碰撞盘子的瞬间，第二滴水滴正好从阀门处开始下落。请同学们思考并回答：

（1）它的实验原理是什么？需要采集哪些实验数据？

（2）这个实验设计思路中，有什么突出的优点？

（3）课后重复这个实验，并试着利用水滴下落设计一个新的实验。

2. 利用给定的频闪照片（图 2—1—1），设计一个测算重力加速度的方案，包括测量原理、数据处理表格、计算步骤等，并测算出重力加速度 g 的数值。

练习与巩固

1. 请你判断下列哪些运动近似自由落体运动，哪些不是，说明理由。

（1）乒乓球从高处自由下落。

（2）水滴从屋檐开始下落。

（3）运动员从高空伞降。

（4）巨石沿山坡滚落。

2. 如图是“测定反应速度快慢”的实验图示。图中测试者甲同学手拿一长尺自然下垂，被测试者乙同学伸出一只手的拇指和食指（两指间的距离约 2 cm），尺子正好置于乙同学

的拇指和食指之间，两手指正对 0 刻度。当甲同学突然放开手，尺子下落，乙同学迅速夹住尺子。想一想，如何测出直尺被捏住前时刻的下落速度。

§2.3 匀变速直线运动

一、初速度为零的匀变速直线运动

我们知道，自由落体运动是匀加速直线运动，它的初速度为零，加速度为 g。如果用 a 代替 g，可得到初速度为零的匀变速直线运动的一般公式。

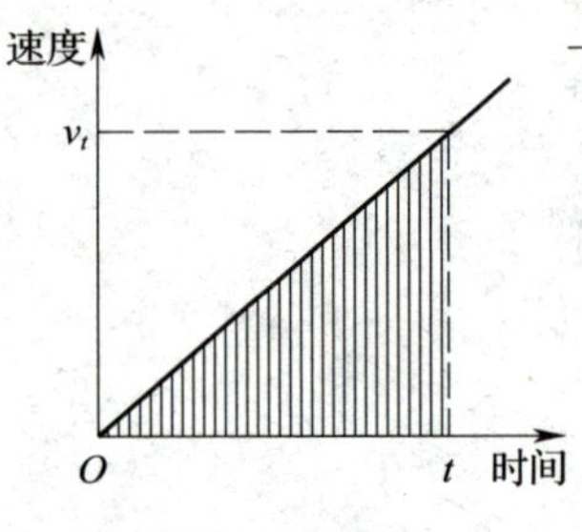

图 2—3—1

速度公式

$$v_t=at$$

位移公式

$$s=\frac{1}{2}at^2$$

初速度为零的匀变速直线运动的速度-时间图像如图 2—3—1 所示。

二、有初速度的匀变速直线运动

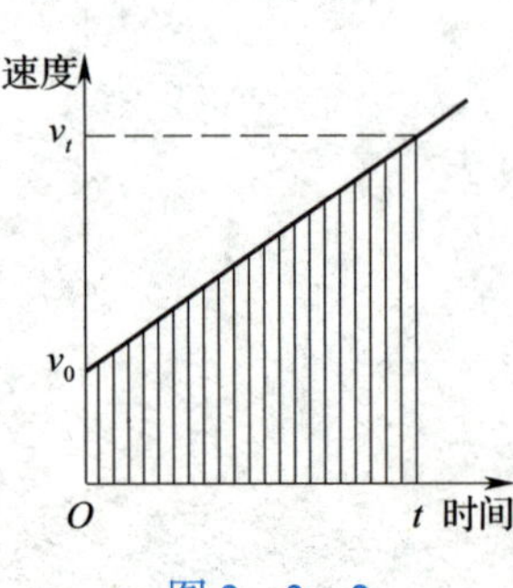

图 2—3—2

速度公式 根据加速度公式 $a=\frac{v_t-v_0}{t}$，可得

$$v_t=v_0+at$$

由此可以得到有初速度的匀变速直线运动的速度-时间图像，如图 2—3—2 所示。

位移公式 与匀速直线运动和初速度为零的匀变速直线运动的 v-t 图像类似，图 2—3—2 中的阴影部分面积对应着物体在时间 t 内的位移。计算阴影部分面积可得：

$$s=v_0t+\frac{1}{2}at^2$$

实际上，有初速度的匀变速直线运动可看成两个运动的合成：一个是速度等于初速度的匀速直线运动，另一个是初速度为零的匀变速直线运动。

例题 1 火车在过桥的时候，需要提前减速。某列以 72 km/h 的速度行驶的火车，在接近一座平直铁桥时开始做匀减速直线运动，加速度大小是 0.10 m/s^2，火车到达桥头前的匀减速运动时间是 90 s，问这列火车到达桥头时的速度是多大？从减速开始的 90 s 内，这列火车行驶的位移是多少？

解 根据题意，可画出火车做匀减速直线运动的示意图（图 2—3—3）。已知 v_0=72 km/h=20 m/s，a= −0.10 m/s^2，由匀变速直线运动的速度和位移公式可得

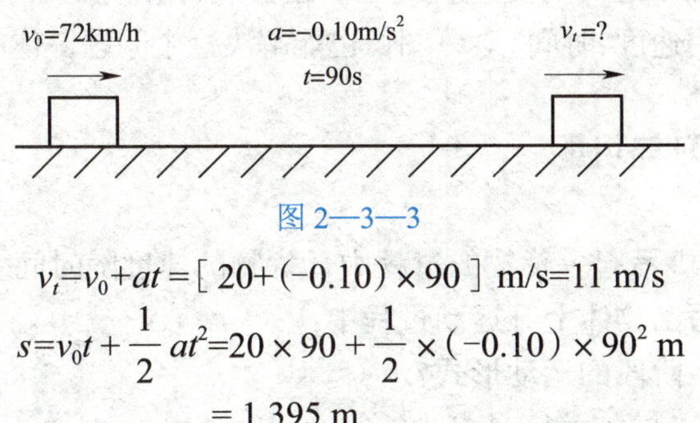

图 2—3—3

$$v_t=v_0+at=[20+(-0.10)\times 90]\ \text{m/s}=11\ \text{m/s}$$

$$s=v_0t+\frac{1}{2}at^2=20\times 90+\frac{1}{2}\times(-0.10)\times 90^2\ \text{m}$$

$$=1\ 395\ \text{m}$$

例题 2 在高速公路上，有时会发生追尾事故。从后车的运动考虑，请分析一下，造成追尾事故的原因有哪些？

我国高速公路的最高车速限制为 120 km/h。设某人驾车以最高时速沿平直高速公路行驶，该车制动过程可近似看作匀减速运动，制动产生的加速度大小为 5 m/s^2，司机的反应时间（从意识到应该停车至操作制动的时间）为 0.6 ～ 0.7 s。请分析一下，应该如何计算行驶时的安全车距？

这里不考虑后车司机因“走神”等原因延误制动等情况。

解 从后车的运动考虑，造成追尾事故的原因主要有以下几个方面：（1）车速过快；（2）与前车的距离过小；（3）司机的反应较迟缓；（4）车的制动性能较差。

从最安全角度考虑，计算安全距离时，应假定前车为静止状态。这种情况下，司机发现紧急情况后的反应时间内，汽车仍以原来的速度做匀速直线运动；制动后，汽车匀减速滑行，直至停止。所以，行驶时的安全车距应大于两种运动的位移之和，如图 2—3—4 所示。

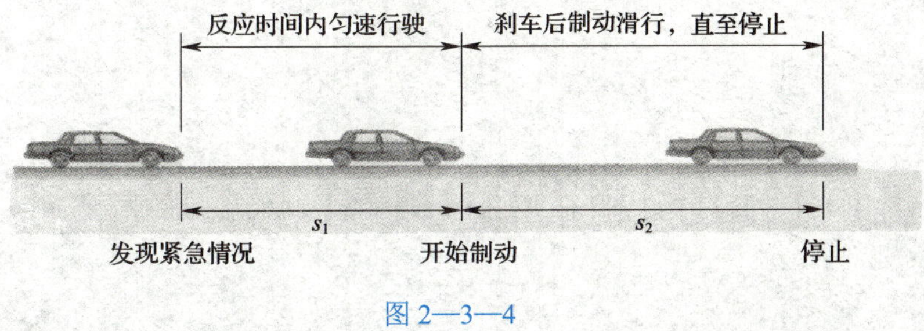

图 2—3—4

体验与探索

请你应用学过的匀变速直线运动的公式计算例题 2 中的安全车距。事实上，利用速度-时间（v-t）图像也能解决这个问题，你能试一试吗？

练习与巩固

1. 起重机吊起一货物的过程中，货物的速度随时间变化的关系如图所示，请写出物体上升运动过程中：

（1）每一阶段的运动形式？

（2）第 6 s 的加速度是多少？

（3）6 s 内上升的高度是多少？

（4）6 s 内的最大速度是多少？

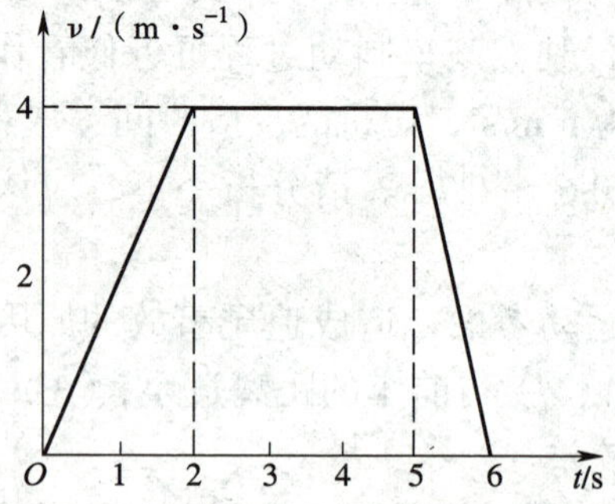

第3章

力与物体的相互作用

§3.1　牛顿第三定律

一、力的作用是相互的

课间，与同学面对面做推手游戏，你对同学施加力时，同学对你也施加了力。平静的水面上，在船上用力推另一只船时，自己的船也受到了力。踢足球时，脚对足球施加了力，我们一定能感受到足球对脚也施加了力（图 3—1—1）。

图 3—1—1

实验表明，**两个物体间力的作用是相互的**。一个物体对另一个物体施加了力，后一个物体一定同时对前一个物体也施加了力。我们把物体间相互作用的这一对力叫作**作用力和反作用力**。作用力和反作用力总是相互依存、同时存在的。如果把其中一个力叫作**作用力**，那么另一个力就叫作**反作用力**。

二、牛顿第三定律

作用力和反作用力之间有着怎样的关系呢？

实 验

把两只弹簧秤 A 和 B 连接在一起（图 3—1—2）。用手拉弹簧秤 A，可以看到两只弹簧秤的指针同时移动。弹簧秤 B 的示数指出弹簧秤 A 对它的作用力 F 的大小，而弹簧秤 A 的示数指出弹簧秤 B 对它的反作用力 F' 的大小。改变手拉弹簧的力，观察实验结果。

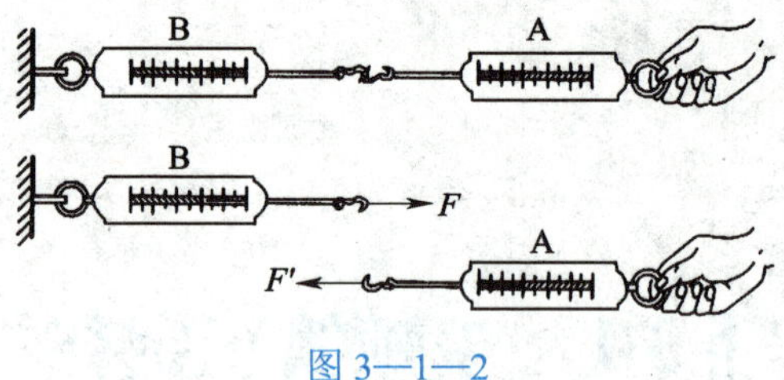

图 3—1—2

研究表明，**两个物体间的作用力和反作用力总是大小相等，方向相反，作用在一条直线上**。这就是**牛顿第三定律**。

想一想

父子俩进行拔河比赛，儿子输了（图 3—1—3），无奈地说道：“爸爸力气大，我的力气小！”你认为呢？

图 3—1—3

科学漫步

火箭发射基本原理

火箭借助工作介质高速后喷所产生反作用力向前运动。它自身携带燃烧剂与氧化剂，不依赖空气中的氧助燃，既可在大气层内飞行，又可在外层空间飞行。

体验与探索

将一只吹大的气球接在水龙头上，将气球装一半的水。气球口朝下，松手观察会发生什么现象，并解释原因。

练习与巩固

1. 关于一对作用力和反作用力，下列说法中正确的是（　　）。
   A. 它们的大小相等，方向相同，作用在同一物体上
   B. 它们的大小相等，方向相反，作用在同一物体上
   C. 它们的大小相等，方向相同，作用在不同物体上
   D. 它们的大小相等，方向相反，作用在不同物体上

2. 人用手托着苹果处于静止状态，则（　　）。

A. 手所受压力是由于手的弹性形变而产生的

B. 手所受压力和手对苹果的支持力是一对平衡力

C. 苹果所受重力和手对苹果的支持力是一对平衡力

D. 苹果所受重力和苹果对手的压力是作用力和反作用力

§3.2　形变与弹力

一、弹力的概念

实践证明，任何物体，即使受到很小的力，也会发生形变。

实　验

在一张大桌子上放两个平面镜M和N，让一束光依次被这两面镜子反射，最后射到墙上，形成一个光点。按压两镜之间的桌面，观察墙上光点位置的变化（图3—2—1）。这个现象说明了什么？

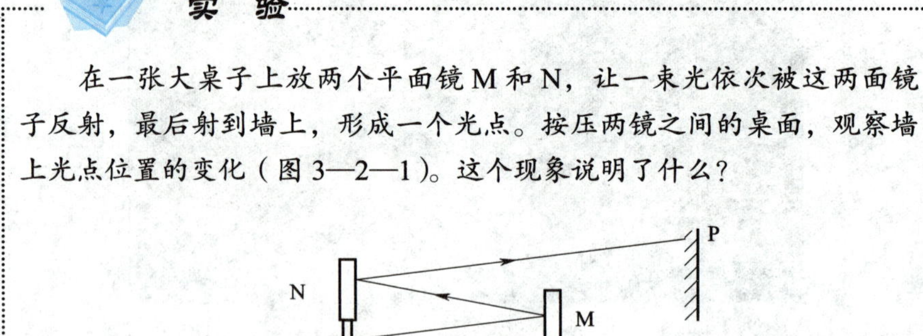

图3—2—1

发生形变的物体，由于要恢复原状，对与它接触的物体施加力的作用，这种力称为**弹力**。弹力与形变始终相伴，形影不离。

弹力的大小与形变的大小有关：形变越大，弹力就越大；形变消失，弹力也随之消失（图3—2—2）。

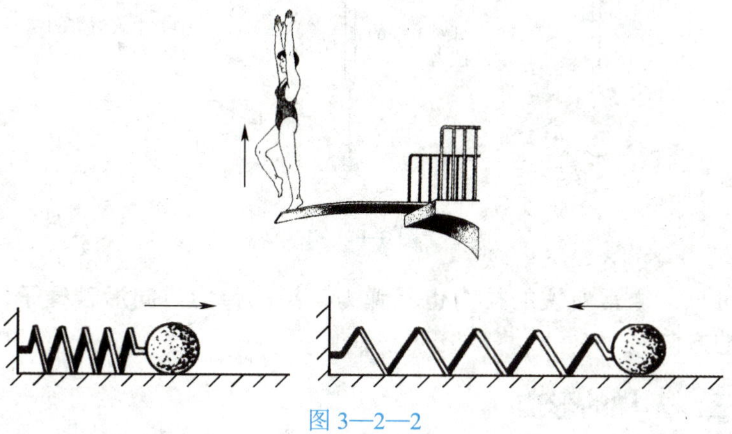

图 3—2—2

二、弹力的方向

例题 1 将一本书放在桌面上，试分析产生于书和桌面之间的弹力。

解 书和桌面之间相互接触，使书和桌面同时产生微小的形变。书由于发生微小形变，对桌面产生垂直于桌面且向下的弹力 N_1，即书对桌面的弹力（压力）；桌面由于发生微小形变，对书产生垂直于书面且向上的弹力 N_2，即桌面对书的弹力（支持力），如图 3—2—3 所示。

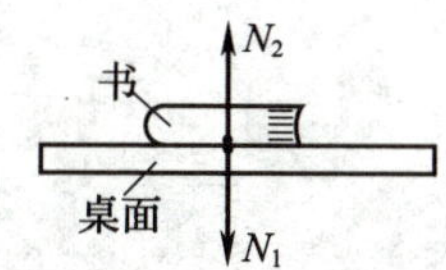

图 3—2—3

可见，通常所说的物体间相互挤压而产生的压力和支持力都是弹力，**压力的方向垂直于支承面且指向被压物体，支持力的方向垂直于支承面且指向被支持的物体。**

例题 2 电线下方悬挂电灯，分析产生于电线和电灯之间的弹力。

解 电灯和电线相互拉拽，同时产生微小形变。电灯的形变使其对电线产生竖直向下的弹力 T_1，这就是电灯对电线的拉力；电线的形变使其对电灯产生竖直向上的弹力 T_2，这就是电线对电灯的拉力（图 3—2—4）。

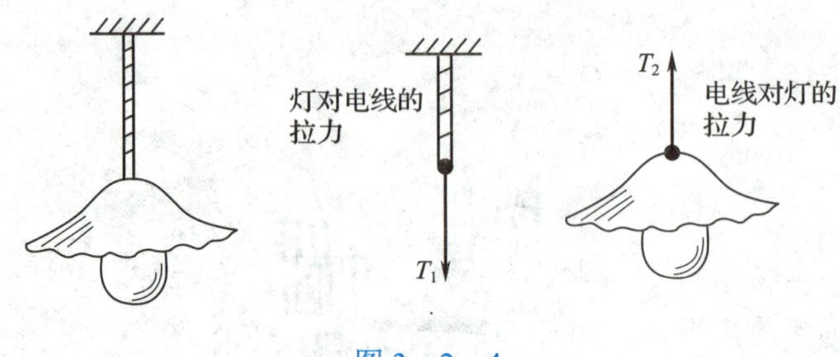

图 3—2—4

可见，通常所说的拉力也是弹力，**绳的弹力方向沿着绳子，指向收缩的方向**。

三、多样的形变

实际情况下，由于物体受力方式的不同，物体发生的形变也会多种多样，最常见的有压缩与拉伸形变、弯曲形变、扭转形变、剪切形变（图 3—2—5）。

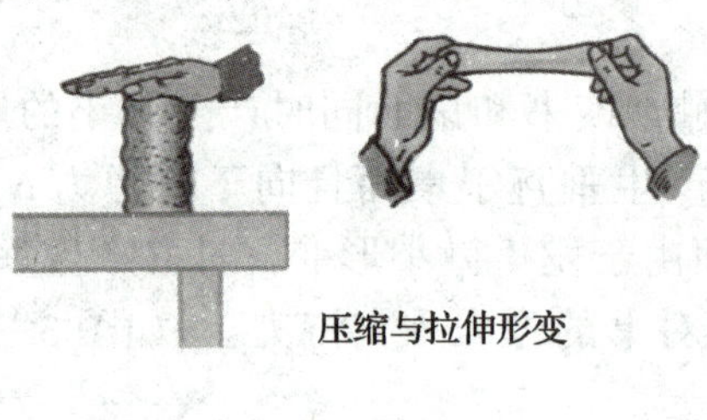

压缩与拉伸形变

弯曲形变

扭转形变

剪切形变

图 3—2—5

体验与探索

1. 取一只玻璃瓶，里面盛满水，用穿有透明细管的橡皮塞封口，使水面达到细管中部（图 3—2—6）。用手捏玻璃瓶，观察发生的现象。

请同学们课后用家里的玻璃瓶（如酱油瓶、啤酒瓶等）做实验，体验弹力与形变的关系。

2. 取一段细长的橡皮，上面用不同的颜色分成许多窄条(图 3—2—7)，请同学们利用这段橡皮，体验图 3—2—5 所示的多种不同的形变。

图 3—2—6

图 3—2—7

练习与巩固

1. 本节例题 1 中的书本是水平放在桌面上的，如果将它放置在一个斜面上，请分析它所受弹力的方向。

2. 请列举实际生活中的压缩与拉伸形变：__________；剪切形变：__________；扭转形变：__________；弯曲形变：__________。

3. 下列是关于弹力的一些说法，其中正确的是（　　）。

A. 只要两个物体之间有相互接触就一定有弹力产生

B. 物体甲产生的弹力的方向一定指向甲物体

C. 在弹性限度内，若物体发生扭转和拉伸形变就一定有弹力产生

D. 物体之间的弹力，在不同的情况下，按效果可以称为拉力、阻力、动力等

§3.3 摩 擦 力

一、静摩擦力

摩擦是一种常见现象。实验证明，两个相互接触的物体，当它们

发生相对运动或具有相对运动趋势时，就会在接触面上产生阻碍相对运动的力，这种力叫作**摩擦力**。

在下面的实验中，刚开始向托盘中加沙子时，箱子受到绳子的拉力，虽然箱子相对于桌面有滑动趋势，但箱子并没有动。这说明箱子与桌面之间产生了摩擦，而且摩擦力和绳子拉力大小相等、方向相反、相互平衡，从而使箱子保持静止状态。我们把这时产生的摩擦力叫作**静摩擦力**。

实 验

在水平桌面上放置一只木箱，将一根细绳的一端与箱子相连，另一端绕过定滑轮悬挂一个很轻的托盘（图 3—3—1）。刚开始时向托盘中放入少量的沙子，使细绳张紧，可以看到木箱并没有动，然后不断地向托盘中缓慢加沙子，最终可以看到箱子突然动了起来。

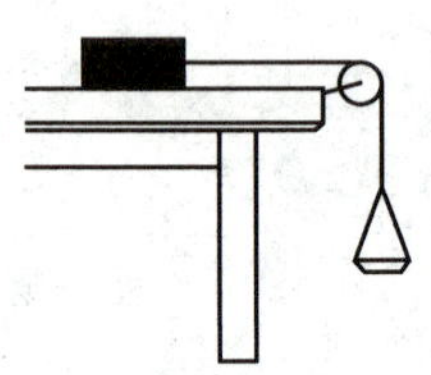
图 3—3—1

静摩擦力的方向总是沿着接触面，并且与物体相对运动趋势的方向相反。

实验中，不断地向托盘中加沙子，箱子仍旧保持不动，这说明箱子所受的静摩擦力随着绳子拉力的增大而增大。但是静摩擦力的增大不是无限度的，当箱子即将开始运动时，静摩擦力达到了最大值，这叫作**最大静摩擦力**，用 f_{max} 表示。

静摩擦力的大小介于零和最大值 f_{max} 之间。

二、滑动摩擦力

当一个物体在另一个物体表面上滑动时，所产生的摩擦力叫作**滑动摩擦力**。滑动摩擦力的方向总是沿着接触面，并且与物体的相对滑动方向相反（图 3—3—2）。

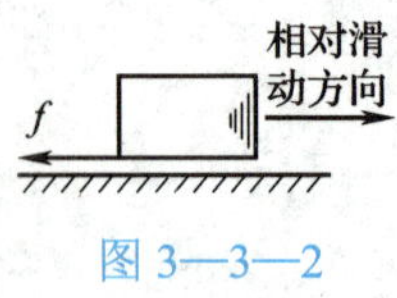

图 3—3—2

实验表明，滑动摩擦力与压力成正比。如果用 f 表示滑动摩擦力，用 N 表示压力，则有

$$f=\mu N$$

式中，μ 是动摩擦因数，没有单位，它的数值大小与两个相互接触表面的材料及接触面情况（如粗糙度）有关。

除了滑动摩擦，还有滚动摩擦。**滚动摩擦**是指一个物体在另一个物体表面上滚动时所产生的摩擦。滚动摩擦力比滑动摩擦力小得多，在一些机械、电气设备上安装滚轮，就是基于这个道理。

例题 车床底座是用铸铁制成的，铸铁与地面间的动摩擦因数为0.30。要缓慢地移动一台质量为 2.0×10^3 kg 的车床，需要在水平方向上对车床施加多大的拉力？为了省力，应采取什么办法？

分析 车床做缓慢移动时，可认为车床处于匀速运动状态。这时拉力 F 的大小应与滑动摩擦力 f 的大小相等。

解 由分析可知，车床共受到重力（mg）、拉力（F）、地面的弹力（即支持力，N）及摩擦力（f）等四个力（图 3—3—3），其中

$$N=mg=2.0\times10^3\times9.8\ \text{N}=1.96\times10^4\ \text{N}$$

$$f=\mu N=0.30\times1.96\times10^4\ \text{N}=5.9\times10^3\ \text{N}$$

$$F=f=5.9\times10^3\ \text{N}$$

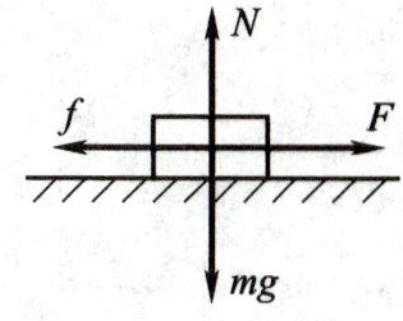

图 3—3—3

计算结果告诉我们，移动车床需要很大的力。由于滑动摩擦力大于滚动摩擦力，变滑动摩擦为滚动摩擦可以省力。为此，可在车床底座下放置一些原木或钢管，使车床在原木或钢管上滚动前进。这样，移动车床就不需要很大的力了。

体验与探索

1. 请你与同学合作，把两本书一页一页地交叉对插，然后各抓住一本书的书脊用力对拉（图 3—3—4）。平时可以随意挪动的两本书，竟然变得像被强力胶粘在一起似的，难以分开，这是什么力在起作用呢？

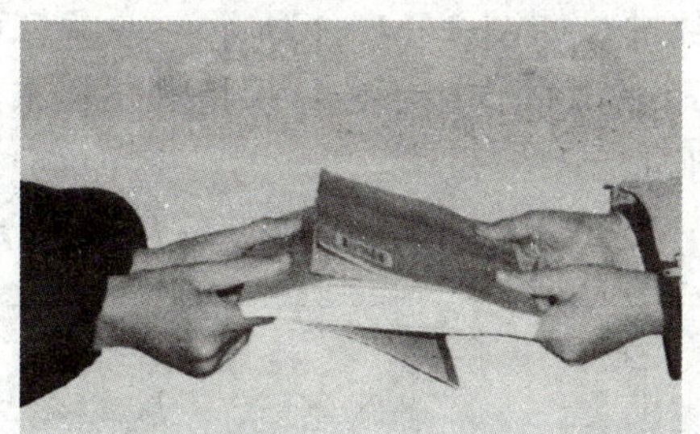
图 3—3—4

2. 在一只空箱子上系一根绳，请同学们分别在不同的地面（如地毯、水泥地、瓷砖地）上拖动它，体验所用力的大小。在箱子中加入重物，再试一试。

练习与巩固

1. 传送带上有一个物体 M，它随传送带沿水平方向向右做匀速直线运动（图甲），不计空气阻力。请在图中画出 M 受力情况的示意。若传送带向斜上方匀速上升（图乙），物体受到的摩擦力有何变化？

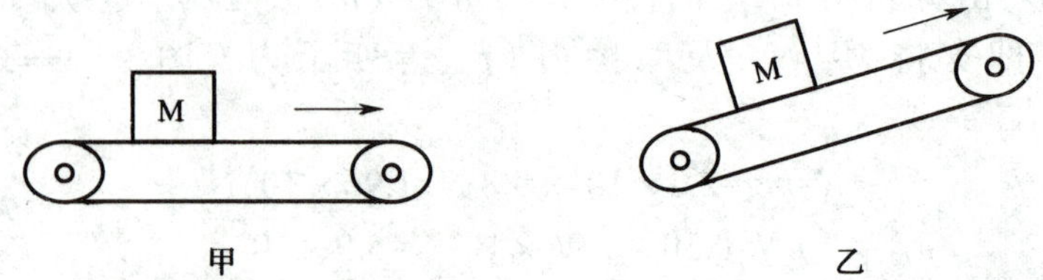

2. 一只玻璃瓶在下列情况下是否受到摩擦力？如果受到摩擦力，摩擦力的方向如何？

（1）瓶子静止在水平的桌面上。

（2）瓶子静止在倾斜的桌面上。

（3）瓶子被握在手中，瓶口朝上。

（4）将一张纸条从静止的瓶子底部快速抽出。

§3.4 力的合成与分解

一、力的合成

什么是力的合成 如图 3—4—1 所示，一盏灯可以有两种挂法。在两个拉力 F_1 和 F_2 的共同作用下，灯保持静止状态，这跟一个拉力 F 的作用效果完全相同。

从效果上看，用一个力 F 可以代替两个力 F_1 和 F_2。

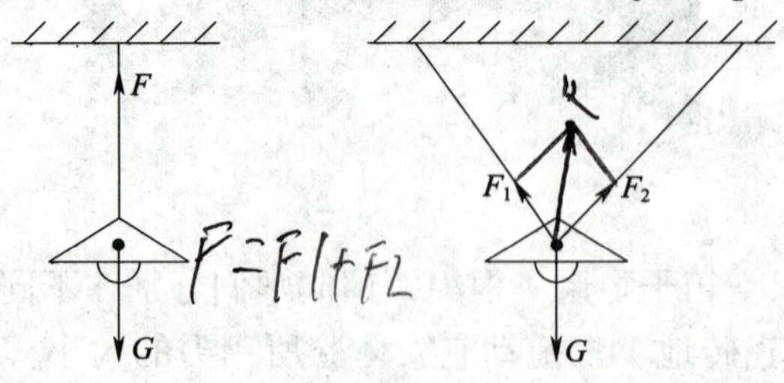

图 3—4—1

如果一个力作用在物体上，跟其他几个力共同作用的效果相同，这个力就叫作那几个力的**合力**，那几个力就叫作这个力的**分力**。求若干个力的合力叫作**力的合成**。

如果物体同时受到几个力的作用，而它们都作用在物体的同一点上，或者它们的作用线相交于同一点，这几个力就叫作**共点力**，如图3—4—2所示。

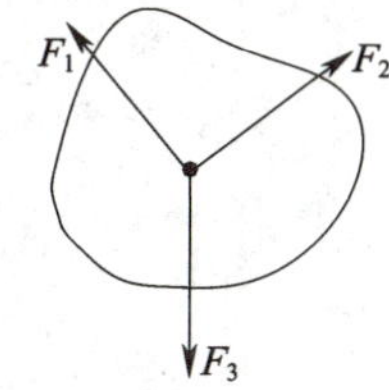

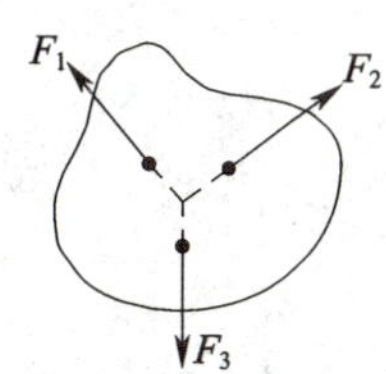

图3—4—2

两个力的合成 大量实验结果表明，如果以表示共点力 F_1 和 F_2 的线段为邻边作平行四边形，那么合力的大小和方向就可以用这两个邻边之间的对角线表示出来（图3—4—3）。这叫作**力的平行四边形定则**。

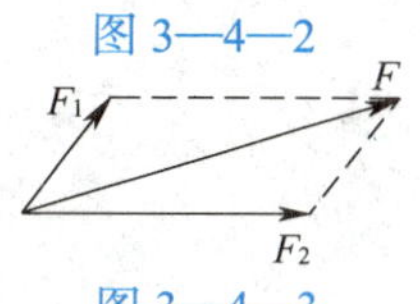

图3—4—3

做一做

同学们自己动手找四根细木棒，用销子把它们连接起来，制作一个平行四边形。然后不断地改变平行四边形两相邻边之间的夹角 θ，观察并回答：

（1）θ 由0°增大到180°的过程中，对角线的长度怎样变化？

（2）什么情况下对角线的长度最大？什么情况下对角线的长度最小？

（3）对角线的长度是否总是大于两个邻边的长度？

两个以上力的合成 如果共点力在两个以上，我们也可以用平行四边形定则求出它们的合力：先求其中两个力的合力，再求出这一合力与第三个力的合力，直到把所有的力都合成进去，最后求出的就是这些力的合力（图3—4—4）。

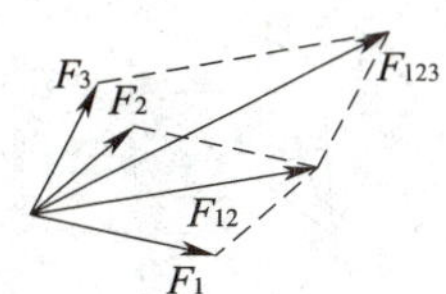

图3—4—4

例题 力 F_1=30 N，方向水平向右，力 F_2=40 N，方向竖直向下，求这两个力的合力 F 的大小和方向。

解 用作图法求解。选择某一标度，如取10 mm长的线段表示10 N的力，作出力的平行四边形。如图3—4—5所示，表示 F_1 的线段长30 mm，表示 F_2 的线段长40 mm。

用刻度尺量得表示合力 F 的对角线长为50 mm，所以合力的大小 $F=10\times50/10$ N=50 N。

用量角器量得合力 F 与力 F_1 的夹角约为53°。

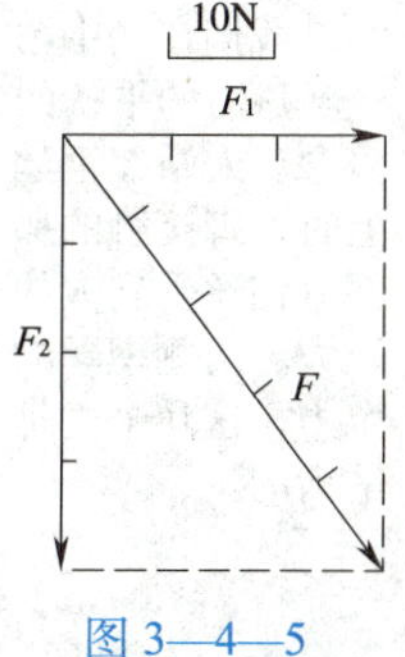

图3—4—5

知识窗

在物理学中，把既有大小又有方向，且它的合成遵守平行四边形定则的物理量叫作**矢量**。力是矢量，速度也是矢量。而长度、时间、质量、温度等物理量，只有大小，没有方向，在物理量中叫作**标量**。

二、力的分解

实 验

将一本书挂在一只测力计上，如图 3—4—6 所示，测力计示数为 3 N。改用两只平行的测力计来代替原来的测力计，测力计示数为 1.5 N。如果改变两只测力计之间的夹角，两只测力计示数也随之改变。

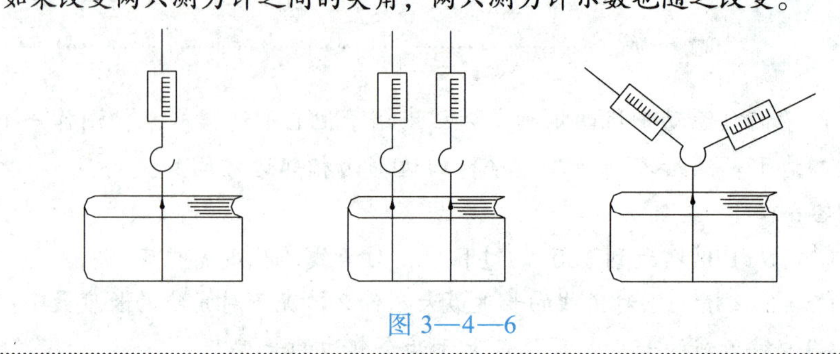

图 3—4—6

实验中，无论这两只测力计之间的夹角是多大，示数怎样变化，两只测力计上的拉力 F_1 和 F_2 的作用效果始终与原来的一只测力计上的拉力 F 的作用效果相同。

可见，拉力 F 可以用两个力 F_1 和 F_2 来代替，力 F_1 和 F_2 就是拉力 F 的分力。求一个已知力的分力叫作**力的分解**。

力的分解是力的合成的逆运算，同样遵守平行四边形定则，即把表示已知力的线段作为平行四边形的对角线，这个平行四边形中，与对角线相邻的两条边用来表示两个分力。

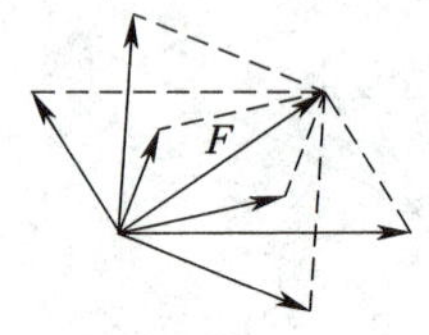

图 3—4—7

如果没有其他限制，对于同一条对角线，可以作出无数个不同的平行四边形（图 3—4—7）。也就是说，同一个力有无数种分解方案。一个力怎样分解，要根据实际情况来决定。

我们在初中已经学过力的平衡的概念。人站在钢丝上时，脚接触的那部分钢丝受到人的压力、两侧钢丝的拉力，这几个力是平衡的。

例题 1 走钢丝是我国传统的杂技项目，杂技运动员在绷紧的钢丝上站立时，有人也许会想：杂技运动员的体重并不大，钢丝上的张力可能和运动员的体重差不多吧。下面，我们就来研究钢丝的受力情况：设运动员的体重为 G，当他（她）走到钢丝绳的中间时（图 3—4—8a），钢丝绳形成 170° 的角度。判断这时钢丝绳所受的拉力大致是多少。

分析 运动员对钢丝绳的压力 F 大小等于体重 G（图 3—4—8b），它产生两个效果：一是拉紧左侧的钢丝，二是拉紧右侧的钢丝。因此，

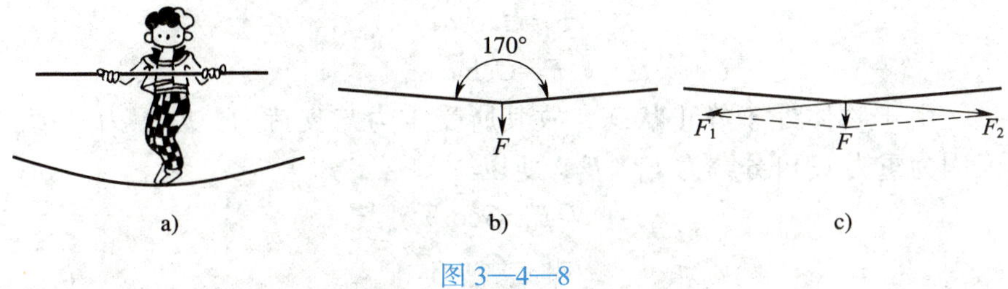

图 3—4—8

可将运动员对钢丝的压力沿着两侧钢丝所在直线分解为两个力。每侧钢丝上的拉力与共线的压力分力大小相等，方向相反。

解 将压力 F（$F=G$）沿着左右两侧钢丝绳的方向分解，用作图法画出力的平行四边形（图 3—4—8c）。测量发现，钢丝绳上的拉力大约是运动员体重的 6 倍。可见，钢丝绳上的拉力比运动员的体重大得多。为了运动员的安全，必须使钢丝绳具有足够的强度。

想一想

一辆小汽车陷入道路旁的泥潭中，乘客用尽全力，小汽车仍然拉不出来。不借助其他机械，你有什么可行的办法吗？

例题 2 一滑块静止在斜坡上，斜坡表面不光滑，对滑块进行受力分析。

分析 滑块在斜坡上受到重力、支持力和摩擦力等三个力的作用而平衡（图 3—4—9a）。由于支持力方向与斜坡垂直，摩擦力方向与斜坡平行，如果将重力按这两个方向分解（图 3—4—9b），则会给问题的解决带来方便。

一个力分解在两个相互垂直的方向上，这种力的分解叫作力的正交分解。

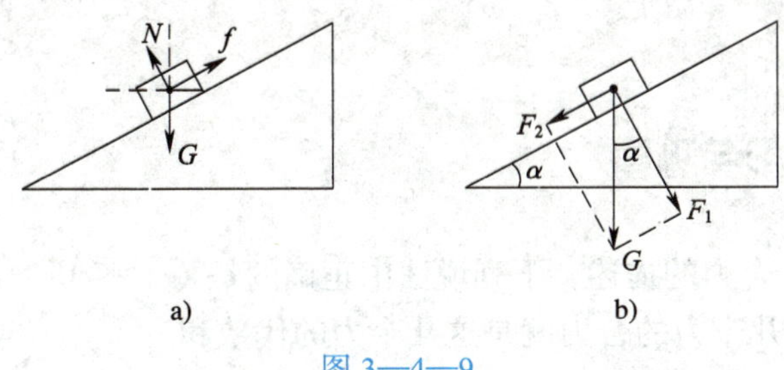

图 3—4—9

解 将重力沿斜坡及斜坡垂直的方向进行分解，作力的平行四边形得

$$F_1=G\cos\alpha$$
$$F_2=G\sin\alpha$$

由于物体处于静止状态，故其所受重力与支持力、摩擦力平衡。又因为重力 G 可分解为 F_1、F_2，所以

$$N=F_1=G\cos\alpha$$
$$f=F_2=G\sin\alpha$$

科学漫步

共点力：如果一个物体受到几个外力的作用，有些情况下这些力共同作用在同一点上（图甲），或者虽不作用在同一点上，但他们的延长线交于一点（图乙），这样的一组力叫共点力。

如果几个力有共同的作用点或者它们的作用线交于一点，则这几个外力称为共点力。另一些情况下，一组力不但没有作用在同一点上，它们的延长线也不能交于一点（图丙），这一组力就不是共点力。

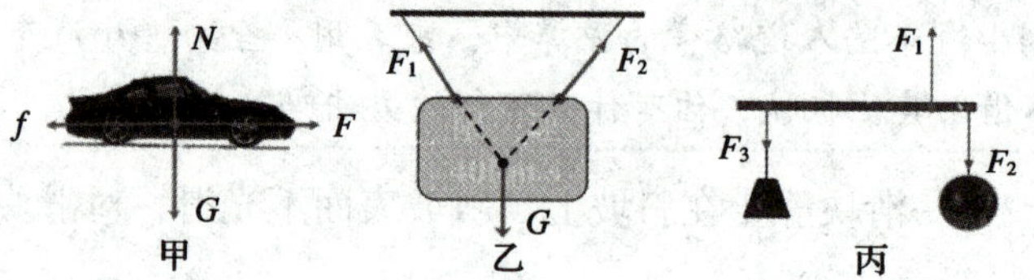

体验与探索

如果滑块受到一水平力作用，静止在光滑的斜坡上。这时，选择什么方向分解重力较为恰当？如果不分解重力，而分解支持力，应怎样分解？

练习与巩固

1. 关于合力的描述，下列说法中正确的是（　　）。

   A. 几个力的合力就是这几个力的代数和

   B. 几个力的合力一定大于这几个力中的任何一个力

   C. 几个力的合力可能小于这几个力中最小的力

   D. 几个力的合力可能大于这几个力中最大的力

2. 用两根绳子吊起一重物，使重物保持静止状态，若逐渐增大两绳之间的夹角，则两绳对重物拉力的合力变化情况是（　　）。

A. 不变　　B. 减小

C. 增大　　D. 无法确定

3. 下列各组共点的三个力可能平衡的是（　　）。

A. 3 N、4 N、8 N　　B. 6 N、10 N、2 N

C. 8 N、7 N、4 N　　D. 7 N、9 N、16 N

第4章 认识力和运动之间的关系

§4.1 牛顿第一定律

一、牛顿第一定律的来源

从日常生活中人们认识到：没有力作用在物体上，物体的运动就会停止（图4—1—1）。早在公元前4世纪，古希腊学者亚里士多德就已经提出了这一认识。

然而，事实果真如此吗？

直到17世纪，崇尚真理、从不迷信权威的伽利略认识到，摩擦力是难以避免的，而正是它将人们引入歧途。为此，他精心设计了理想斜面实验，并经过严密的逻辑推理，彻底推翻了亚里士多德的错误结论。

伽利略指出，即使没有动力，物体也能永远运动下去。

牛顿在伽利略等人的研究基础上，进一步研究并总结出一条基本定律。

图 4—1—1

科学漫步

伽利略理想斜面实验

如图 4—1—2 甲所示，将小球沿一个斜面滚下，再滚上另一个斜面，摩擦越小，上升的高度就越接近开始下滑的高度。由此可以推断：如果没有摩擦，小球将上升至同一高度。如果减小第二个斜面的倾角，在没有摩擦的情况下，小球仍将滚到同一高度，但运动的距离变大。继续减小第二个斜面的倾角，小球在第二个斜面上的运动距离将会更大（图 4—1—2 乙）。由此得出结论：如果将斜面放平，在没有摩擦的情况下，再也不能达到同一高度——小球将在水平面上保持恒定速度，并永远运动下去（图 4—1—2 丙）。

理想实验是科学研究的一种重要方法，以可靠的实验事实为基础，对事物进行理想化处理，抓住主要因素，忽略次要因素，应用科学的思维和推理，深刻揭示自然界的规律。

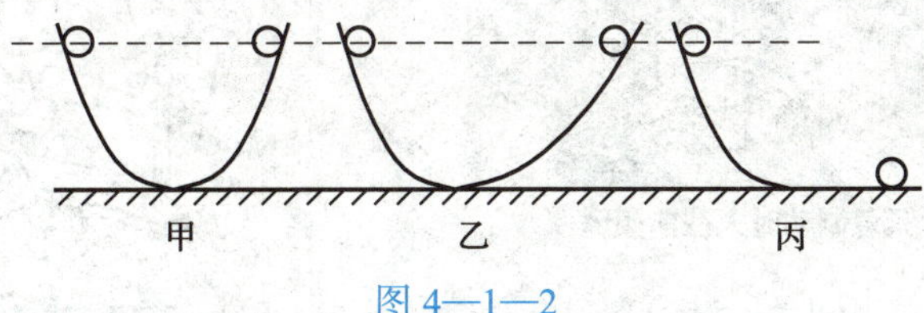

图 4—1—2

二、牛顿第一定律

牛顿第一定律 一切物体总保持匀速直线运动状态或静止状态，直到有外力迫使它改变这种状态为止。这就是**牛顿第一定律**。

牛顿（1687 年在《自然哲学的数学原理》中发表了牛顿三大运动定律）

牛顿第一定律告诉我们，如果物体不受力的作用，物体将做匀速直线运动或保持静止状态。也就是说，物体有保持匀速直线运动或静止状态的性质，这种性质叫作**惯性**，因此牛顿第一定律也叫作**惯性定律**。

想一想

子弹离开枪膛，足球离开脚后，使它们前进的动力都已消失，为什么它们还在运动？

惯性　在日常生活中，人们每天都在和惯性打交道（图 4—1—3），也许还受过它的戏弄呢。例如，在你奔跑的时候，脚下被绊，定会摔个“嘴啃泥”。这是因为当你的脚被障碍物绊住的时候，身体由于惯性，继续向前冲，从而失去平衡，便跌倒在地。

想一想

在高速行驶的火车里，你向上跳起后仍落回原地。这是为什么？

惯性并不总与人“作对”，有些时候它也能“帮助”我们。例如，你使用的木柄铁锤松了，只要把铁锤倒立，在硬物上敲击几下，锤头便紧紧地套在木柄上了（图 4—1—4）。

紧急制动时人往前倾倒

图 4—1—3

图 4—1—4

想一想

在匀速行驶的高铁上，当你向上跳起后仍落回原地。这是为什么？

一个物体无论在哪里，怎样运动，都有惯性。但不同的物体，其惯性是不同的。

力是改变物体运动状态的原因 牛顿第一定律告诉我们：物体的运动并不需要力来维持。然而，**力能迫使物体运动状态发生改变**。

例如，在水平地面上用力推小车，小车由静变动；而撤去外力后，摩擦力使小车由动变静。

关于力和运动之间关系的这一基本认识，为人们进一步研究这个问题开辟了一条正确的道路。

体验与探索

请同学们课前准备好水杯、水、硬纸片、鸡蛋、直尺等物品。根据惯性小实验装置示意图 4—1—5，用直尺迅速击打硬纸片，使鸡蛋落入杯中，并对此现象作出解释。

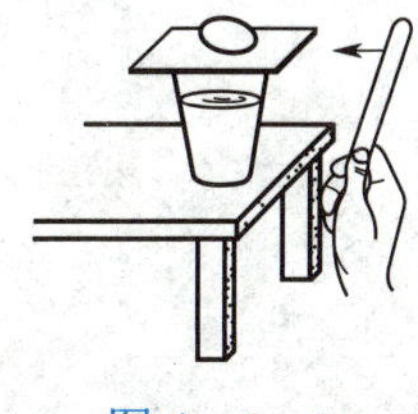

图 4—1—5

练习与巩固

1. 关于惯性，下列说法正确的是（　　）。

   A. 静止的物体没有惯性

   B. 运动速度越大，物体的惯性越大

   C. 加速度越大，物体的惯性越大

   D. 物体的惯性大小只与质量有关，与其速度和加速度无关

2. 如图所示，某同学面向行车方向坐在沿平直轨道匀速行驶的列车车厢里，突然，面前的水平桌面上一个原来静止的小球向他滚来，则可判断（　　）。

   A. 列车正在制动　　　　B. 列车突然加速

   C. 列车突然减速　　　　D. 列车仍在匀速直线运动

科学漫步

安全带保安全

道路交通事故多种多样，其中对车内人员造成伤害的，大多是由

于运动中的车辆与其他物体（车辆或障碍物）发生碰撞。从力学观点看，运动的车辆受碰撞突然停止，但车内人员在惯性的作用下仍以碰撞前的速度向前运动，结果在车内甚至冲出车外与刚性物体发生第二次碰撞，因而造成伤害。

为了行车安全，现代汽车设置了安全带和安全气囊，以尽量避免或减轻第二次碰撞对车内人员的伤害。

有关机构的统计数据表明，在所有可能致命的车祸中，如果正确使用安全带，可以挽救约45%的生命；如果同时使用安全气囊，这一比例将上升到60%。

§4.2　牛顿第二定律

一、力是使物体产生加速度的原因

牛顿第一定律指出，力不是维持物体运动的原因，而是改变物体运动状态的原因，而运动状态的变化可以用加速度来描述，由此可得出结论：**力是使物体产生加速度的原因。**

我们不难发现当物体受到的合外力等于零时，物体静止或做匀速直线运动，加速度为零；当物体受到的合外力不为零时，物体的加速度一定不为零。

二、加速度与力的关系

实验表明，对质量相同的物体来说，物体的加速度与作用在物体上的力成正比，即 m 一定时，$a \propto F$。

可见，要使物体的速度在较短时间内发生较大的变化，即要获得较大的加速度，就必须给物体施加较大的力。

例如，在水平地面上拖动同样的木箱，使木箱在 1 s 内和在 10 s 内的速度均由 0 达到 5 m/s，所需要的力是不同的，前者所需的力比后者要大得多。

三、加速度与质量的关系

实验表明，在相同力的作用下，物体的加速度与物体的质量成反比，即 F 一定时，$a \propto \frac{1}{m}$。

例如，用同样大小的牵引力来起动车辆时，空车起动得快，即获得的加速度大；重车起动得慢，即获得的加速度小。

知识窗

控制变量法

为了研究一个量随另一个量的变化规律，我们通常将其他因素控制成“不变”后，再研究一个量（因素）与另一个量（因素）的变化关系。这就是物理学研究的基本方法——控制变量法。如研究运动快慢的方法——“等时间比较路程”和“等路程比较时间”；研究加速度大小的方法——“等质量比较力”和“等力比较质量”。这些都是控制变量思想的体现。事实上，对于研究加速度、力和质量三者关系的实验，设计的精髓在于控制，实验过程实质上是一个条件控制过程。

四、牛顿第二定律

牛顿第二定律 牛顿总结了加速度、力和质量三者的关系，指出：物体的加速度与物体所受的力成正比，与物体的质量成反比。这就是**牛顿第二定律**。数学表达式为

$$a=\frac{F}{m}$$

或者

$$F=ma$$

在国际单位制中，质量、加速度、力的单位分别是 kg、m/s^2 和 N。

尝试证明 $1\ N=1\ kg \cdot m/s^2$。

牛顿第二定律的数学表达式如此简洁，但它所表达的含义却是十分丰富的。

（1）牛顿第二定律揭示了力和加速度之间的大小关系，同时告诉我们，**加速度的方向与力的方向恒相同**。

判断物体加速度的方向，需要依据物体的受力方向。例如，我们熟知的重力加速度 g 是由重力产生的，重力的方向竖直向下，重力加速度的方向也总是竖直向下的，而与物体朝哪个方向抛出无关。

（2）牛顿第二定律还告诉我们，**加速度和力是一种瞬时对应关系**。

物体受到力的作用的同时，就会产生加速度。力变化，加速度随之变化；力消失，加速度随之消失。形象地说，加速度和力是一对“同生共死”的好伙伴。

如果物体受到多个力的作用，牛顿第二定律也是正确的。这时，公式中的 F 代表物体所受的合力。因此，牛顿第二定律更一般地表述为：物体的加速度与物体所受的合力成正比，与物体的质量成反比，加速度的方向与合力的方向相同。数学表达式为

$$F_{合}=ma \quad 或 \quad a=\frac{F_{合}}{m}$$

运动和力的关系　由牛顿第二定律可知，物体的受力决定加速度。

当合力为零时，物体加速度就为零，物体将静止或做匀速直线运动，即处于平衡状态。例如，小冰块在很光滑的冰面上运动时，可认为所受合力为零，做匀速直线滑行。

当合力不为零时，物体存在加速度，速度发生变化，物体做变速运动。例如，汽车起动或刹车时，合力不为零，做变速运动。

可见，利用牛顿第二定律，只要知晓物体的受力情况，我们就可以预知物体将要发生的运动。牛顿第二定律深刻地揭示了力和运动的关系。

想一想

同时在等红灯的大客车和小汽车，当绿灯亮时，为什么小汽车往往比大客车启动的更快呢？

体验与探索

请同学们通过实验研究物体的加速度、力和质量三者间的关系。具体过程为：取一块长直的带有两个定滑轮的平滑木板放在桌子边缘，将两辆相同质量的小车并排放在木板上。通过细线跨过定滑轮连接一个托盘，托盘内放有砝码。若小车的质量远大于砝码与托盘的质量和，则小车所受的水平拉力 F 的大小可以认为等于砝码与托盘所受的重力和的大小。在小车的后面分别系上细线，用一个夹子同时夹住细线，以控制小车的运动和停止，保证它们同时开始运动、同时静止。

打开夹子后，质量相等的两辆小车在不同的拉力作用下同时开始运动，经过一段距离后，合上夹子，使它们同时静止（图 4—2—1）。实验发现，当两辆小车所受拉力之比为 1∶2（盘内的砝码质量之比为 1∶2）时，两车在相同时间内的位移之比也为 1∶2。由此得出结论：对于同一物体，其加速度与外力成正比。请同学们思考，这是为什么？

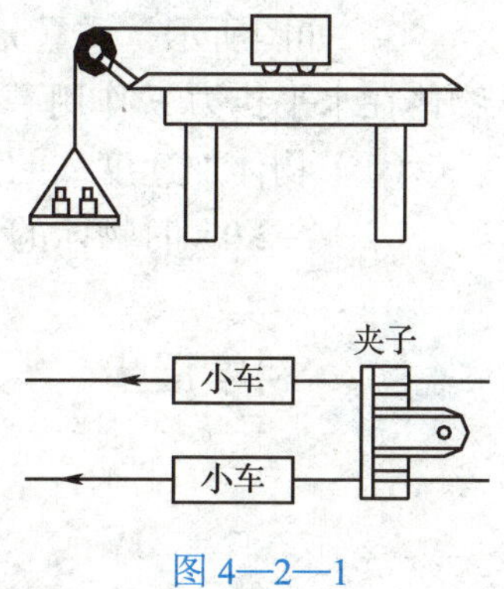

图 4—2—1

采用同样的实验装置，通过实验得出结论：在外力相等的情况下，物体的加速度与质量成反比。请问：实验步骤是怎样的？又是如何得出这一结论的？

练习与巩固

1. 关于牛顿第二定律的数学表达式 $F=ma$ 及其变形式，下列说法中正确的是（　　）。

A. 由 $F=ma$ 可知，物体所受的合外力与物体的质量成正比，与物体的加速度成反比

B. 由 $m=\dfrac{F}{a}$ 可知，物体的质量与其所受的合外力成正比，与其运动的加速度成反比

C. 由 $a=\dfrac{F}{m}$ 可知，物体的加速度与其所受的合外力成正比，与其质量成反比

D. 由 $m=\dfrac{F}{a}$ 可知，物体的质量可以通过测量它所受的合外力和它的加速度而求得

2. 在牛顿第二定律的表达式中，有关比例系数 k 的下列说法中正确的是（　　）。

A. 在任何情况下，k 都等于 1

B. k 的数值由质量、加速度和力的大小决定

C. k 的数值由质量、加速度和力的单位决定

D. 在国际单位制中，k 等于 1

3. 如图所示，质量 m=5.0 kg 的物体放在光滑水平面上。t=0 时刻，物体在水平拉力 F 作用下由静止开始运动。已知 F=10 N，求：

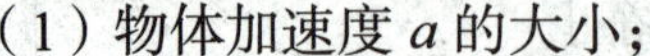

（1）物体加速度 a 的大小；

（2）t=2.0 s 时物体的速度大小。

科学漫步

科学巨匠——牛顿

牛顿是伟大的科学家，经典力学理论体系的建立者，1643 年 1 月 4 日诞生在英格兰的林肯郡。他 12 岁进中学，学习成绩并不出众，只是爱好读书，喜欢沉思，爱做小实验，对自然现象有好奇心。

牛顿于 1661 年进入剑桥大学三一学院。1665—1666 年伦敦鼠疫流行，学校停课，他回到故乡。牛顿在剑桥大学受到数学和自然科学的培养和熏陶，对探索自然现象产生了极其浓厚的兴趣。就在躲避鼠疫这两年内，他在自然科学领域思潮奔腾，思考了前人从未想过的问题，创造了惊人的业绩。

1665 年年初，他创立了数学中的级数。同年 11 月，创立了微分学。次年 1 月，牛顿研究颜色理论，5 月开始研究积分学。在这一年内，牛顿还开始研究重力、月球的运动、行星的运动及其联系。

1687 年，牛顿出版了《自然哲学的数学原理》; 1704 年出版了《光学》。

他在 1727 年去世前，说了一段有名的话："如果我所见到的比笛卡儿要远些，那是因为我站在巨人的肩上。"牛顿所指的巨人包括欧几里得、阿基米德、开普勒、伽利略，还包括笛卡儿、惠更斯等。

牛顿勤于思索、耐心实验，年复一年、坚持不懈地把精力集中于某一问题。这一系列优秀品质是他取得伟大成就的内在因素。

牛顿还有一句名言："我不知道世人怎么看，但在我自己看来，我只不过是一个在海滨玩耍的小孩，不时为找到一块比别人更光滑、更美丽的卵石和贝壳而感到高兴，而在我面前的真理的海洋，却完全是个谜。"从这句话中，我们可以窥见他那博大深邃的精神境界。

1727 年 3 月 31 日凌晨一点多，牛顿在睡梦中溘然长逝，终年 84 岁。他被安葬在威斯敏斯特教堂，那是英国人安葬英雄的地方。

§4.3 超重与失重

一、航天员的话

我国航天员杨利伟（图 4—3—1）从太空返回地面后，电视台记者对他进行采访时，有一段很生动的对话：

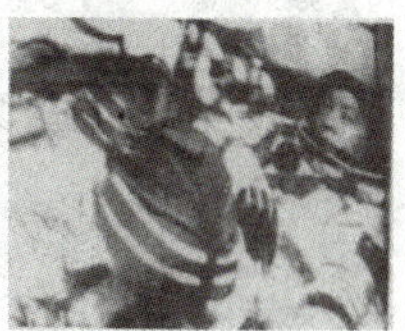
图 4—3—1

记　者：当你乘坐飞船升空时，你有什么感受？

杨利伟：感觉有载荷，就是感到胸部受到压力。

记　者：压力大吗？感到难受吗？

杨利伟：还可以，不觉得难受。我们平常训练时，这种压力可以达到 8 个 G，说得通俗一点，就等于有 8 个人压在你身上。飞船加速上升时，压力没有这么大。

记　者：你什么时候感受到失重？当时的感觉怎么样？

杨利伟：在船箭分离的时候，感到身体突然被抛了一下，然后就飘了起来，船里的小尘埃也飘了起来。

想一想

上述对话中的“有载荷”“有压力”“失重”等是在怎样的情况下产生的？你是否也有过类似的经历？

二、体验超重和失重

如图 4—3—2 所示，用手掌托着一摞较重的书，先让手缓缓上下移动，体会一下书对手掌的压力与静止时是否相同。然后手突然竖直上升或竖直下降，再体会一下，手掌受到的压力与静止时有什么不同。

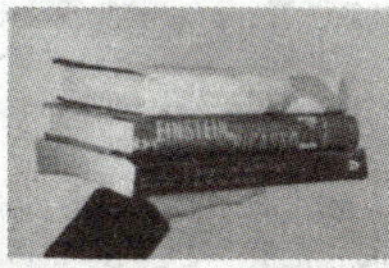
图 4—3—2

如图 4—3—3 所示，在测力计下端挂一砝码，仔细观察测力计静止时、缓缓上升和缓缓下降时、突然上升和突然下降时测力计示数的变化情况。

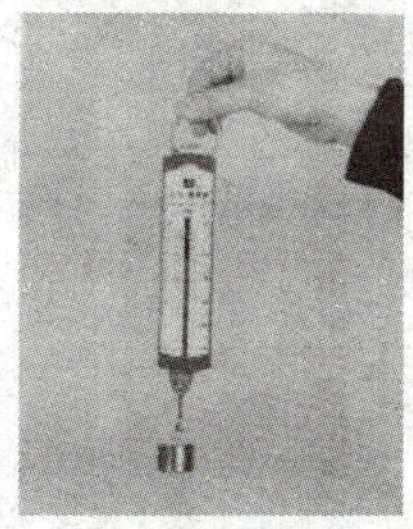
图 4—3—3

三、什么是超重和失重

以图 4—3—3 中的砝码为例，我们来分析实验中所发生的现象。

当砝码静止或缓缓上升和缓缓下降时，加速度为零（图 4—3—4a），物体所受合力为零，即 $T-mg=0$，测力计的读数为 $T=mg$，等于自身重量。

当砝码突然上升时，具有向上的加速度（图 4—3—4b），由牛顿第二定律得：$T-mg=ma$，测力计的读数 $T=mg+ma>mg$，大于自身重量。

当砝码突然下降时，具有向下的加速度（图 4—3—4c），由牛顿第二定律得：$T-mg=m(-a)$，测力计的读数 $T=mg-ma<mg$，小于自身重量。

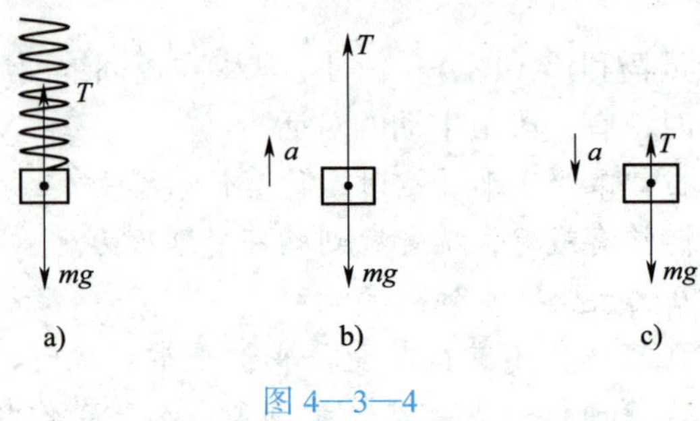

图 4—3—4

在本例中，用测力计测量物体的重力，其读数（称为**视重**）在不同的运动状态下不同，可能大于重力（称为**超重**），可能小于重力（称为**失重**）。

体验与探索

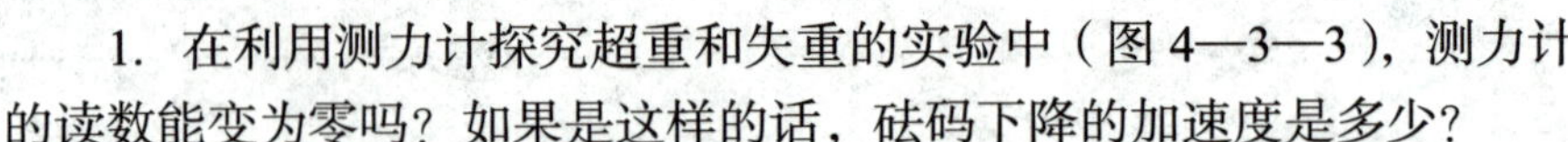

1. 在利用测力计探究超重和失重的实验中（图 4—3—3），测力计的读数能变为零吗？如果是这样的话，砝码下降的加速度是多少？

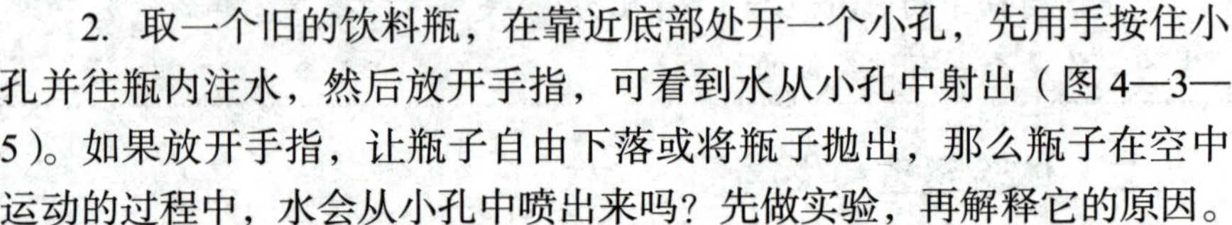

2. 取一个旧的饮料瓶，在靠近底部处开一个小孔，先用手按住小孔并往瓶内注水，然后放开手指，可看到水从小孔中射出（图 4—3—5）。如果放开手指，让瓶子自由下落或将瓶子抛出，那么瓶子在空中运动的过程中，水会从小孔中喷出来吗？先做实验，再解释它的原因。

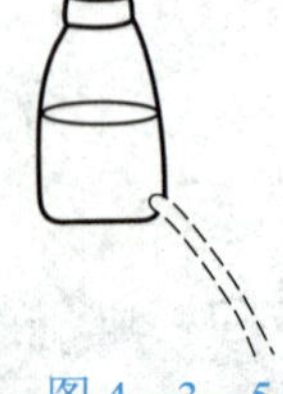

图 4—3—5

练习与巩固

1. 对于超重和失重的认识，下列说法中正确的是（　　）。
   A. 人站在体重计上时突然下蹲，体重计示数不变
   B. 蹦床运动员在上升到最高点时处于平衡状态
   C. 在减速上升的电梯里，人对地板的压力小于重力
   D. 自由下落的物体不再受重力作用
2. 在太空站完全失重的环境中，下列仪器可以使用的是（　　）。
   A. 水银温度计　B. 体重计　C. 打点计时器　D. 天平

第5章

简单的周期运动

§5.1 认识周期运动

一、什么是周期运动

想一想

黑珠子和白珠子按照图5—1—1所示的方式排列。你能发现这种排列有什么特征吗？

图5—1—1

我们把事物在运动、变化过程中某些状态规律地重复出现的特性叫作**周期性**，把具有周期性特征的运动叫作**周期运动**。

呼吸、日落日出、木马旋转等都是周期运动。

二、常见的周期运动

物理学中典型的周期运动有单摆运动（图 5—1—2）、弹簧振子运动（图 5—1—3）、匀速圆周运动（如稳定运行中的摩天轮，图 5—1—4）等。

图 5—1—2

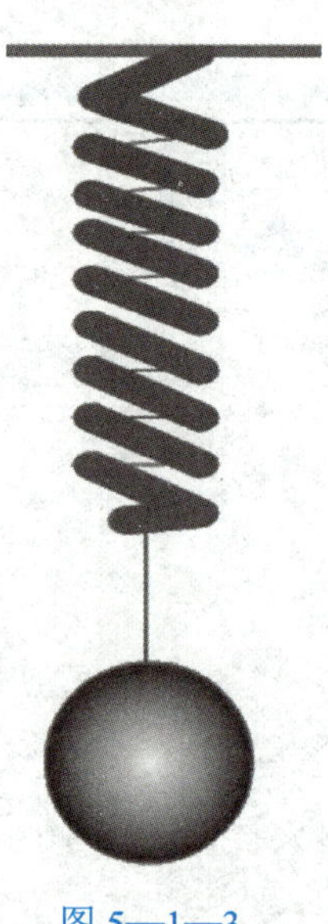
图 5—1—3

图 5—1—4

三、周期运动的描述

我们以弹簧振子为例来研究描述周期运动的物理量。

弹簧振子 如图 5—1—5 所示，把一个有孔的小球装在弹簧的一端，弹簧的另一端固定，小球穿在光滑的杆上能够自由滑动，两者之间的摩擦可以忽略，弹簧的质量与小球相比也可以忽略。把小球拉向右方，然后放开，它就左右运动起来。小球原来静止的位置叫作**平衡位置**。小球在平衡位置附近的往复运动是一种机械运动，简称振动。这样的系统称为**弹簧振子**。

振幅 如图 5—1—6 所示，振子在水平杆上的 M 点和 M' 点之间往复运动，O 点为它的平衡位置。图中 $OM=OM'$，它们是振动物体离开平衡位置的最大距离，叫作振动的**振幅**。振幅的两倍表示的是做振动的物体运动范围的大小。

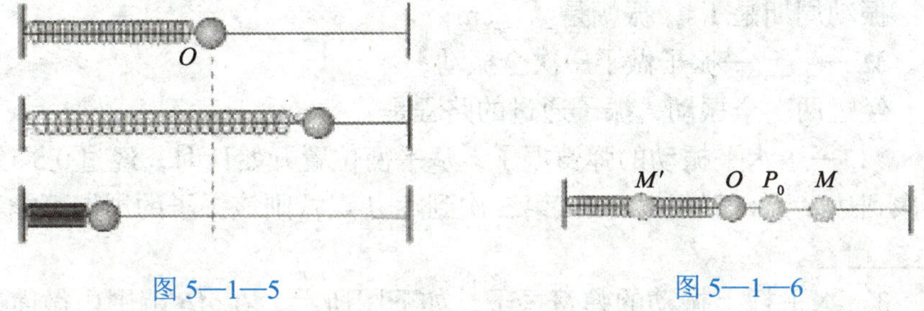

图 5—1—5　　　　图 5—1—6

周期和频率　弹簧振子的运动是一种周期性运动。如图 5—1—6 所示，如果从振子向右通过 O 点的时刻开始计时，它将运动到 M 点，然后向左回到 O 点，又继续向左运动到达 M' 点，之后又向右回到 O 点。这样一个完整的振动过程称为一次**全振动**。不管以哪里作为开始研究的起点，例如从图中的 P_0 点开始运动，弹簧振子完成一次全振动的时间总是相同的。

物体完成一次全振动所需要的时间，叫作振动的**周期**。单位时间内完成全振动的次数，叫作振动的**频率**。周期和频率都是表示物体振动快慢的物理量，周期越小，频率越大，表示振动越快。用 T 表示周期，用 f 表示频率，则有

$$f=\frac{1}{T}$$

在国际单位制中，周期的单位是秒，符号是 s；频率的单位是赫兹，符号是 Hz。

体验与探索

请同学们动手做一做下列实验：如图 5—1—7 所示，细线下悬挂一个除去了柱塞的注射器，注射器向下喷出一细束墨水。使注射器摆动，并沿着与摆动方向垂直的方向匀速拖动一张白纸，白纸上的墨迹便画出了振动图像（x-t 图像）。根据类似的方法，你能否设计出表示一个弹簧振子振动图像的实验呢？

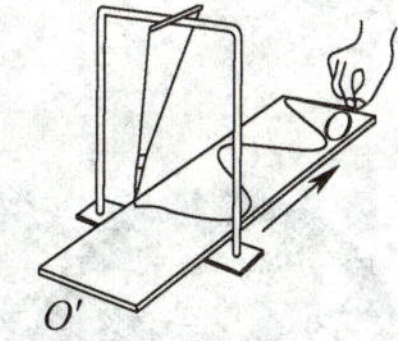

图 5—1—7

练习与巩固

1. 如图 5—1—6 所示，弹簧振子在 MM' 间做周期运动，O 点为平衡位置，MM' 间距是 10 cm，$M'\rightarrow M$ 运动时间是 1 s，则

振动周期是 1 s，振幅是____cm；

M'→____→振子做了一次全振动；

经过两次全振动，振子通过的路程是____cm。

*2. 一个水平振动的弹簧振子，从平衡位置开始计时，经过 0.5 s 第一次到达 A 点，又经过 0.2 s 第二次到达 A 点，则该振子的周期可能是__________。

3. 水平杆上振动的弹簧振子，如下图所示，在 AB 范围内做简谐振动。已知 AB 间的距离为 16 cm，振子从 A 开始运动到第二次经过 O 的时间为 3 s，不计球与杆间的摩擦（取向右为正），求：

（1）弹簧振子的振幅是多少?

（2）弹簧振子在 6 s 内通过的路程是多少?

（3）若从弹簧振子在 A 处开始计时，弹簧振子在 8 s 时的位移是多少?

（4）若从弹簧振子在 A 处开始计时，请在下图中作出该振子简谐运动的 x-t 图像。

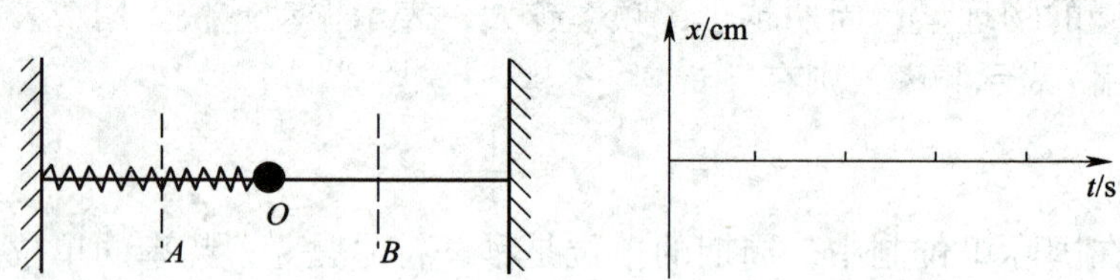

§ 5.2　匀速圆周运动

一、什么是匀速圆周运动

图 5—2—1

物体沿圆周运动是一种常见的曲线运动，如果在任意相等的时间里通过的弧长都相等，那么物体的运动就是匀速圆周运动。日常生活中，电风扇稳定工作时叶片上的点、日常运转中的钟表时针和分针上的点（图 5—2—1）、在地球静止轨道上运行的人造卫星等，都可以看成在做匀速圆周运动。

二、匀速圆周运动的描述

周期和频率　物体做匀速圆周运动一周的时间叫作匀速圆周运动

的**周期**。单位时间转过的周数叫作**频率**，一般用 f 来表示，且

$$f=\frac{1}{T}$$

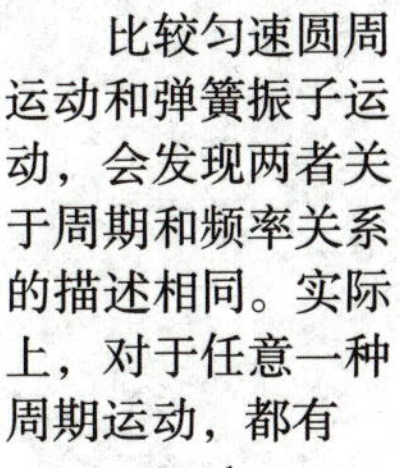

比较匀速圆周运动和弹簧振子运动，会发现两者关于周期和频率关系的描述相同。实际上，对于任意一种周期运动，都有

$$f=\frac{1}{T}$$

知识窗

转　速

工程技术中，常用转速 n 来描述匀速圆周运动。转速是物体每分钟转过的转数，单位为转每分，符号为 r/min。转速与频率的关系如下：

$$n=60f \quad 或 \quad f=\frac{n}{60}$$

角速度　物体做圆周运动的快慢还可以用角速度来描述。物体做圆周运动时，连接它与圆心的半径所转过的角度 θ 与所用时间 t 的比值，叫作**角速度**（图 5—2—2），一般用 ω 表示，即

$$\omega=\frac{\theta}{t}$$

式中，θ 的单位是 rad，ω 的单位是 rad/s，读作“弧度每秒”。

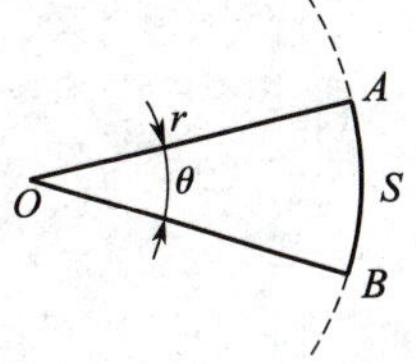

图 5—2—2

质点做匀速圆周运动时，角速度、周期、频率等的大小均保持不变。如果质点转动一周，则转过角度 $\theta=2\pi$，$t=T$，则

$$\omega=2\pi/T=2\pi f$$

体验与探索

图 5—2—3 所示为一个测定子弹速度的装置。将两只平行薄圆盘装在同一个迅速转动的轴上。若圆盘以固定转速 $n=$ 3 600 r/min 旋转，子弹从垂直于圆盘方向射来，先打穿第一只圆盘，再打穿第二只圆盘，测定两盘相距 1 m，我们根据两盘上被子弹穿过的弹孔，即可算出子弹的速度。请同学们分析本装置测定子弹速度的原理。如果子弹在两只圆盘上留下的偏角为 15°，你能算出子弹速度的大小吗？

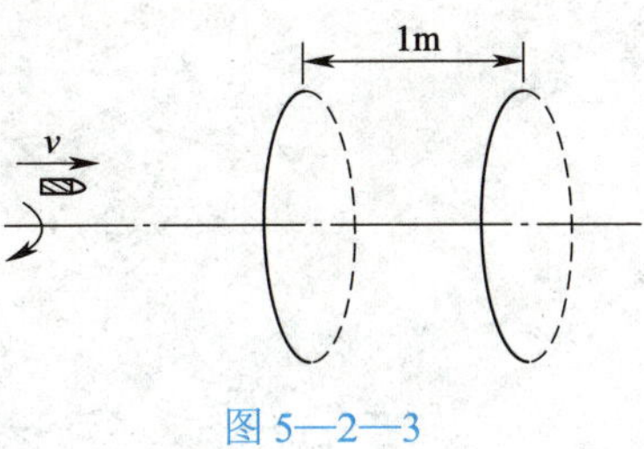

图 5—2—3

练习与巩固

1. 正常走动的钟表，其时针和分针都在做匀速圆周运动。下列说法中正确的是（　　）。

　　A. 时针和分针角速度相同

　　B. 分针角速度是时针角速度的 12 倍

　　C. 时针和分针周期相同

　　D. 分针周期是时针周期的 12 倍

2. 如图所示，当用扳手拧螺母时，扳手上的 P、Q 两点的角速度分别为 ω_P 和 ω_Q，线速度大小分别为 v_P 和 v_Q，则（　　）。

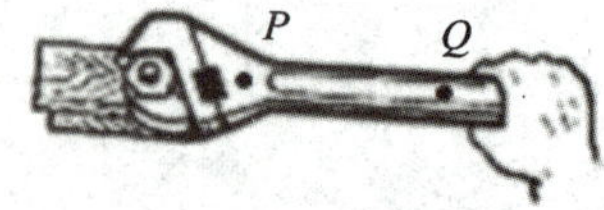

　　A. $\omega_P<\omega_Q$，$v_P<v_Q$　　B. $\omega_P=\omega_Q$，$v_P<v_Q$

　　C. $\omega_P<\omega_Q$，$v_P=v_Q$　　D. $\omega_P=\omega_Q$，$v_P>v_Q$

§ 5.3　人造地球卫星

一、什么是人造地球卫星

广阔无垠的太空是除大陆、海洋、大气层以外人类第四个生存环境。那里有取之不尽、用之不竭的宝藏，蕴含着微重力、高真空、太阳能，以及小行星、月球和火星矿藏等许多对人类非常有用的资源。航天技术是开发这些宝藏的利器，而人造地球卫星（图 5—3—1）则是航天技术应用的重要成果之一。

那么，你对人造地球卫星了解吗？

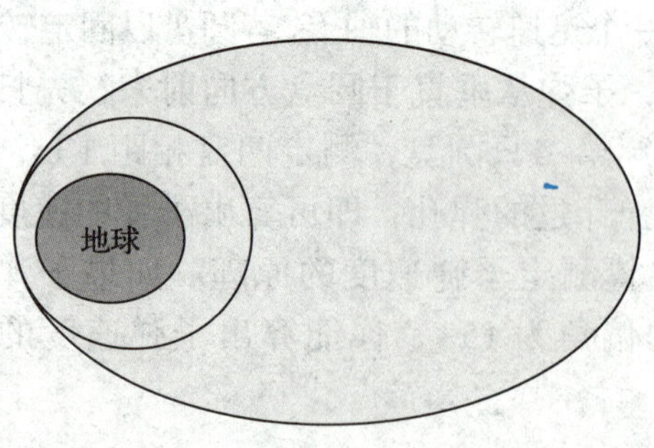

图 5—3—1

人造地球卫星是指环绕地球在空间轨道上运行的无人航天器，简称**人造卫星或卫星**。

人造地球卫星是人类发射数量最多、用途最为广泛的航天器。

二、人造地球卫星的分类与应用

人造地球卫星种类繁多，有许多不同的分类方法。

按飞行轨道离地面高度可分为低轨道、中轨道和高轨道三种；按飞行轨道形状可分为圆轨道和椭圆轨道两种；按飞行轨道方位可分为顺行轨道、逆行轨道、赤道轨道和极轨道四种；按用途可分为科学卫星、技术实验卫星和应用卫星三大类，它们的用途如表5—3—1所示。

表5—3—1　卫星的用途

分类	用　途
科学卫星	空间物理探测、天文探索和微重力实验等
技术实验卫星	新原理、新技术、新材料实验等
应用卫星	对地观测、无线电中继和导航定位等

事实上，与大众关系最紧密的还是应用卫星。它广泛应用于通信、气象、侦察、地球资源及海洋资源探测、导航等领域。

知识窗

地球同步卫星

人造地球卫星中有一些运行在一种特殊轨道上：卫星在顺行轨道上绕地球运行时，如果其运行周期与地球的自转周期相同，且在赤道正上方运行，由于它绕地球运行的角速度与地球自转的角速度相同，从地面上看去它好像是静止的，这种卫星叫作地球同步卫星。

做一做

以一个球状物体（如近似球体的木块等）作为地球模型，以一张较硬的纸作为人造卫星运行轨道平面，并在其上画出轨道和人造卫星。试将两者组装在一起，形成人造卫星绕地球运行模型。制作时，请注意轨道平面穿过地心这一特征。

知识窗

航　天　器

航天器是指在太空执行探索、开发和利用太空以及地球以外天体任务的飞行器，又称空间飞行器。航天器按是否载人可分为无人航天器和载人航天器两大类。无人航天器按是否绕地球运行又可分为人造地球卫星和空间探测器两大类。载人航天器可分为载人飞船、空间站和航天飞机。

三、我国的人造地球卫星

“东方红一号”卫星　1970 年 4 月 24 日，中国第一颗人造地球卫星“东方红一号”（图 5—3—2）在酒泉卫星发射中心成功发射，由此开创了中国航天史的新纪元，使中国成为继前苏联、美国、法国、日本之后世界上第五个独立研制并发射人造地球卫星的国家。“东方红一号”卫星重 173 kg，由长征一号运载火箭送入近地点 441 km、远地点 2 368 km、倾角 68.44° 的椭圆轨道。它测量了卫星工程参数和空间环境，并进行了轨道测控和《东方红》乐曲的播送。

图 5—3—2

蓬勃发展的我国卫星事业　继 1970 年中国第一颗人造地球卫星“东方红一号”成功发射后，我国卫星事业取得了巨大的成就，先后成功发射了多颗技术实验卫星、应用卫星和科学卫星，它们广泛应用于通信、气象、国土资源普查及其他太空探测和科学研究领域。返回式卫星的成功发射和回收，证明我国是具有卫星回收技术的少数几个国家之一。北斗导航卫星数量的不断增加，使我国成为继美国、俄罗斯之后第三个建立自己独立导航系统的国家。近年来，随着“神舟”系列飞船（图 5—3—3）的升空，我国在航天技术及其应用领域正逐步跨入世界先进行列。

图 5—3—3

科学漫步

天宫一号是中国第一个目标飞行器，于2011年9月29日21时16分03秒在酒泉卫星发射中心发射，飞行器全长10.4 m，最大直径3.35 m，由实验舱和资源舱构成。它的发射标志着中国迈入中国航天“三步走”战略的第二步第二阶段。

天宫一号于2011年11月3日凌晨与神舟八号飞船对接成功，2012年6月18日下午（14时14分）与神舟九号对接成功，2013年6月13日13时18分与神舟十号飞船完成自动交会对接。

2016年3月16日，天宫一号目标飞行器正式终止数据服务，全面完成了其历史使命。天宫一号整器结构完整，运行轨道仍在持续、密切跟踪监视之中，平均轨道高度约370 km，而且以每天100 m的速度衰减。

2018年4月2日8时15分左右，天宫一号目标飞行器已受控坠落于南太平洋中部区域，绝大部分器件在进入大气层过程中烧蚀销毁。

体验与探索

中巴地球资源卫星（CBERS）是我国第一代传输型地球资源卫星，由中巴地球资源卫星01星、02星和02B星三颗卫星组成，凝聚着中国和巴西两国航天科技人员十几年的心血，它的成功发射与运行开创了中巴两国合作研制遥感卫星及应用卫星数据的广阔领域，结束了中巴两国长期单纯依赖国外对地观测卫星数据的历史。通过收集资料，请完成下列两项作业：

（1）初步了解中巴地球资源卫星（CBERS）的构造及其主要技术参数。

（2）撰写一篇关于中巴地球资源卫星（CBERS）在土地资源调查、农业、林业及城市发展等方面应用的报告。

练习与巩固

1. 查一查，2017 年我国发射了几颗人造地球卫星？它们分属于什么类型？主要用途有哪些？

2. 2013 年 6 月 13 日，搭载聂海胜、张晓光、王亚平 3 名航天员的神舟十号飞船与天宫一号目标飞行器在离地面 343 km 的圆轨道上成功进行了我国第 5 次载人空间交会对接。下列说法正确的是（　　）。

A. “神舟十号”欲追上“天宫一号”，必须在同一轨道上点火加速

B. 航天员以漂浮姿态进入“天宫一号”，说明航天员不受地球引力作用

C. 王亚平在“天宫一号”中讲课时不可以用弹簧秤悬挂测物体的重力

D. 完成对接后的组合体将与地球保持同步

第6章

功和能的关系

§6.1　功 和 功 率

一、功

什么是做功　同学们在初中已经初步认识到，一个物体受到力的作用，并在力的方向上发生一段位移，这个力就对物体做了**功**。

例如，两人用力推一辆发动机出现故障的小汽车（图 6—1—1），车在人的推力作用下发生一段位移，推力对车做了功。

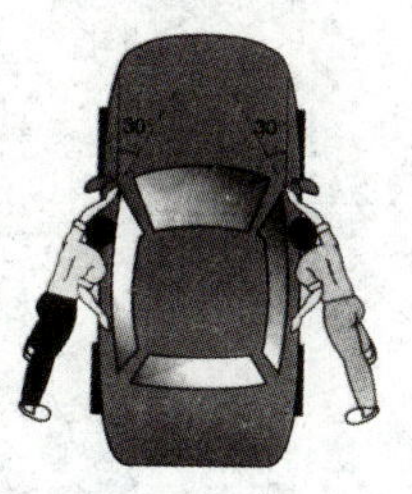
图 6—1—1

想一想

在水平路面上，小王提着一桶水走了 2 m；小李使举起的杠铃在头顶保持静止状态 3 s，如图 6—1—2 所示。然而，小张却说他们没有做功。你认为呢？

图 6—1—2

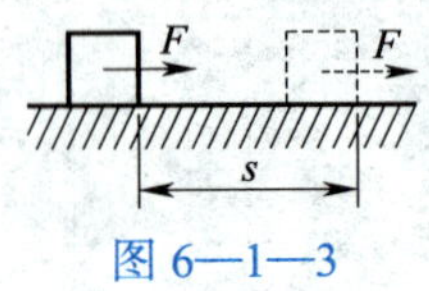

图 6—1—3

力和物体在力的方向上发生的位移，是做功的两个必要因素。

功的计算　在物理学中，如果力的方向与物体运动的方向一致（图 6—1—3），功就等于力的大小和位移的大小的乘积。用 F 表示力的大小，用 s 表示位移的大小，用 W 表示力 F 所做的功，则有

$$W=Fs$$

功是标量。在国际单位制中，功的单位是**焦耳**，符号是 J。

1 J 等于 1 N 的力使物体在力的方向上发生 1 m 的位移所做的功。1 J=1 N · m。

很多情况下，物体的受力方向与运动方向并不一致（图 6—1—4），这时怎样计算力对物体做的功呢？

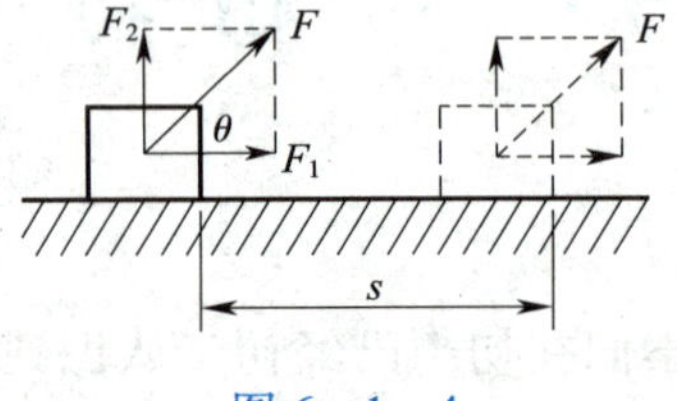

图 6—1—4

我们可以把力 F 正交分解成分力 F_1 和 F_2，由此可推导出

$$W=Fs\cos\alpha$$

这就说明，**力对物体做的功，等于力的大小、位移的大小、力和位移的夹角的余弦这三者的乘积**。

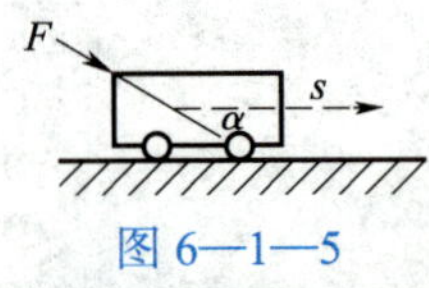

图 6—1—5

正功和负功　现在我们讨论一下，力做功时可能出现的各种情形。

（1）当 $0\leqslant\alpha<90°$ 时（图 6—1—5），$\cos\alpha>0$，$W>0$，力对物体做正功。例如，小狗拉着雪橇沿冰面运动，狗的拉力对雪橇做正功。

（2）当 $\alpha=90°$ 时，$\cos\alpha=0$，$W=0$，这表明力 F 的方向与位移 s 的方向垂直时，力 F 不做功。例如，物体沿固定斜面下滑时，支持力对物体不做功。

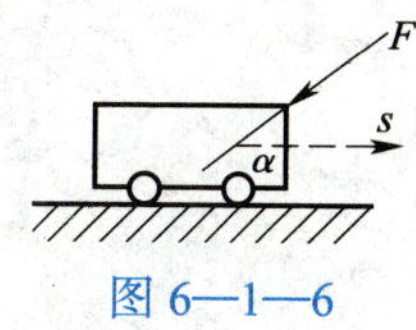

图 6—1—6

（3）当 $90°<\alpha\leq180°$ 时（图 6—1—6），$W<0$，力对物体做负功。例如，物体沿斜面向上运动，这时重力方向与位移方向成钝角，重力对物体做负功。

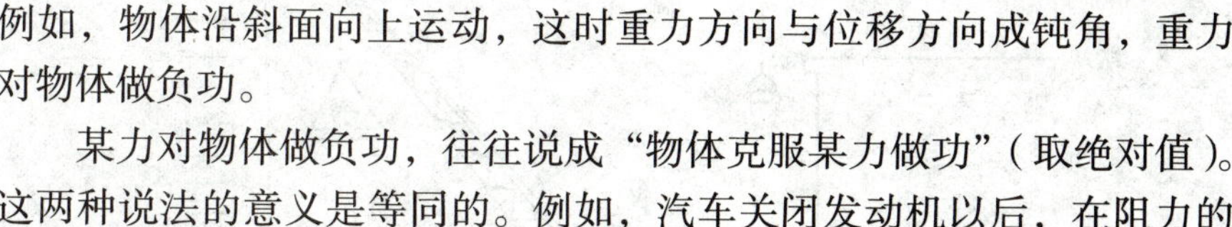

某力对物体做负功，往往说成“物体克服某力做功”（取绝对值）。这两种说法的意义是等同的。例如，汽车关闭发动机以后，在阻力的作用下逐渐停下来，阻力对汽车做功 -2×10^5 J，可以说成汽车克服阻力做功 2×10^5 J。

想一想

人推着一辆自行车在水平路面上前进，自行车受到哪几个力的作用？其中哪些力做功？哪些力不做功？哪些力做正功？哪些力做负功？

例题 图 6—1—7 所示为一个质量为 $m=20$ kg 的木箱，在与水平方向成 $\alpha=37°$ 的拉力 $F=100$ N 的作用下，沿着水平地面移动 $s=10$ m。已知木箱与地面间的滑动摩擦力大小为 30 N，取重力加速度 $g=10$ m/s^2，求：

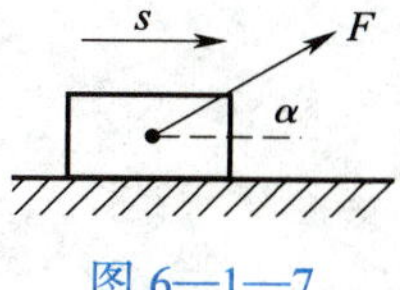

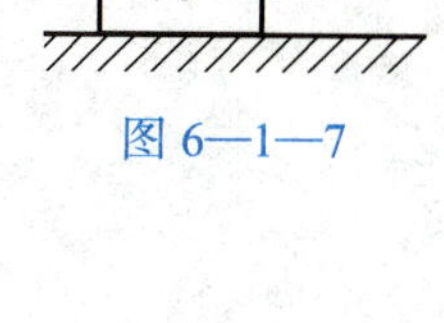

图 6—1—7

（1）拉力对木箱做的功；

（2）木箱克服摩擦力做的功。

分析 求摩擦力做的功时应注意，摩擦力方向与位移方向的夹角为 180°，摩擦力做负功（图 6—1—8）。

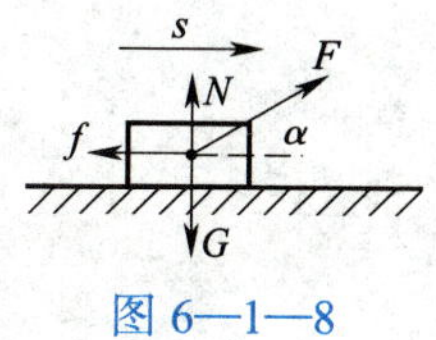

图 6—1—8

解 （1）拉力 F 做的功

$$W_F=Fs\cos\alpha=100\times10\times\cos37°\ \text{J}\approx8\times10^2\ \text{J}$$

（2）摩擦力 f 做的功

$$W_f=fs\cos180°=30\times10\times\cos180°\ \text{J}=-3\times10^2\ \text{J}$$

所以，木箱克服摩擦力做功 $W_{克}=3\times10^2$ J。

二、功率

功率 力是一个物体对另一个物体的作用，所以力对物体做功，通常也说成一个物体对另一个物体做功。

不同物体做相同的功，所用的时间往往不同，也就是说，做功的快慢程度不相同。一位工人 1 小时内把 1t 货物提到预定的高度，而一台起重机只用了 30 s 就可以做相同的功（图 6—1—9）。

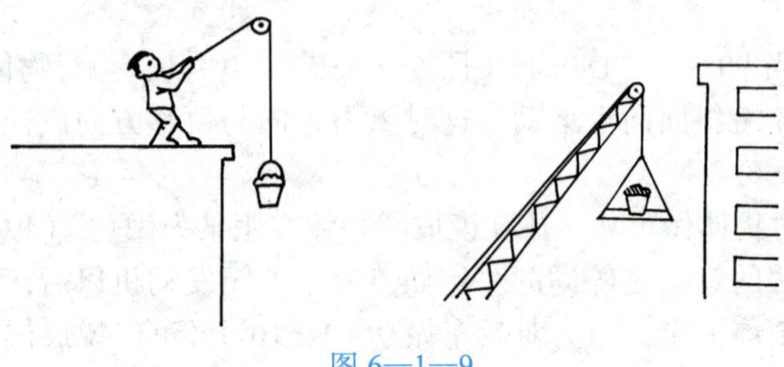

图 6—1—9

物理学中，用功率来表示物体做功的快慢。功 W 与完成这些功所用时间 t 的比值叫作**功率**。功率用 P 来表示，则有

$$P=\frac{W}{t}$$

在国际单位制中，功率的单位是瓦特，简称瓦，符号是 W，1 W=1 J/s。瓦这个单位比较小，工程上常用千瓦（kW）做功率的单位，1 kW=1 000 W。

想一想

当汽车油门大小不变即功率恒定时，行驶在平整光滑的路面上车速较快，在爬坡过程中车速较慢。这是否意味着汽车的功率、牵引力、速度之间存在某种关系呢？

功率与速度　如图 6—1—10 所示，汽车在牵引力 F 的作用下做匀速运动。

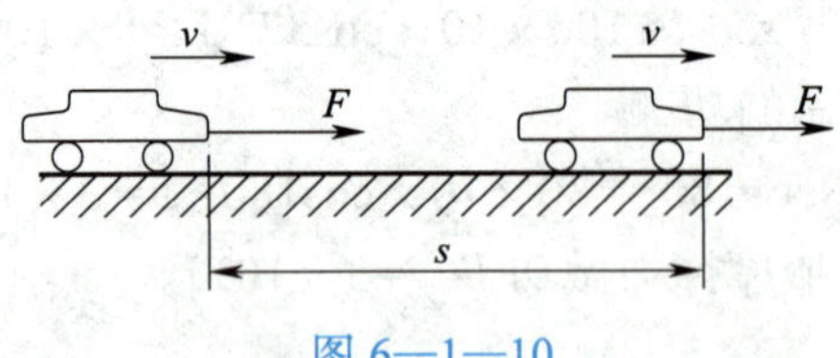

图 6—1—10

如果物体沿位移方向受的力是 F，则将功的计算公式 $W=Fs$、功率的计算公式 $P=\frac{W}{t}$ 及 $v=\frac{s}{t}$ 相结合，可得

$$P=Fv$$

这就是说，**一个力对物体做功的功率，等于这个力与受力物体运动速度的乘积**。

对于汽车、火车等交通工具和各种起重机械，当发动机的功率 P 一定时，牵引力 F 与速度 v 成反比。要增大牵引力，就要减小速度；要增大速度，就要减小牵引力。

公式 $P=Fv$ 是在匀速运动中推导出来的。但是，对于变速运动仍然成立。这时，如果公式中的 v 是平均速度，P 即为平均功率；如果公式中的 v 是瞬时速度，P 即为瞬时功率。

额定功率与实际功率 电动机、内燃机等动力机械都标有额定功率，这是在正常条件下可以长时间工作的功率。实际输出功率往往小于这个数值。例如，某汽车发动机的额定功率是 97 kW，但在平直公路上中速行驶时，发动机实际输出的功率只有 20 kW 左右。在特殊情况下，例如越过障碍时，司机通过加大油门使实际输出功率大于额定功率，但是这对发动机有害，只能工作很短时间，而且要尽量避免。

例题 一艘轮船发动机的额定输出功率是 1.7×10^5 kW，以最大速度航行时所受的阻力是 1.2×10^7 N，求轮船的最大行驶速度。

分析 轮船运动时在水平方向受到牵引力 F 和阻力 f，其中阻力 f 随着速度的增加而增大。设发动机的输出功率恒为 P，由功率与速度关系式 $P=Fv$ 可知：开始阶段，轮船行驶速度较小，牵引力较大，同时阻力较小，因此合力较大，加速度较大；随着速度的增加，牵引力逐渐减小，阻力逐渐增大，合力逐渐减小，加速度逐渐减小。当牵引力减小到与阻力相等时，加速度变为零，速度达到最大。此后，轮船即以最大速度匀速行驶。显然，功率 P 越大，轮船达到匀速运动时的速度越大。

解 经分析可知，当轮船以额定功率匀速行驶时，速度为最大。由 $F-f=0$，$P=Fv$ 得

$$v=\frac{P}{f}$$

将 $P=1.7\times10^5$ kW，$f=1.2\times10^7$ N 代入，得

$$v\approx14\ \text{m/s}\approx50\ \text{km/h}$$

所以，轮船的最大行驶速度约为 50 km/h。

体验与探索

1. 请教你身边的司机，在哪些情况下，汽车换高速挡或低速挡？在哪些情况下，汽车加大或减小油门？用你所学的知识进行分析。

2. 你家里可能有洗衣机、理发用的吹风机，还可能有吸尘器、电

动剃须刀，附近的机井上面有水泵，拖拉机、汽车上面有发动机，小型工厂里有电动机……调查常见的各种设备的功率，并分析设备的功率与它们的体积有没有关系，与它们的耗电量（耗油量）有没有关系。

如果能够见到的设备较少，你还有许多其他办法。你可以收集各种说明书，或者从报纸的广告上了解它们的功率，你也可以上网浏览查看更多设备的功率，并能初步了解到功率的大小与它们的功能之间的某种联系。

练习与巩固

1. 斜面上加速下滑的物体，受到重力、支持力和摩擦力的作用，其中______力做正功，______力做负功，______力不做功。

2. 在公式 $P=Fv$ 中，P 保持不变，是否可将作用力无限地减小，以使运动物体的速度无限地增大。你认为实际可能做到吗？如果做不到，分析其原因。

3. 一台起重机工作时的功率是 10 kW，要用它匀速提升 2.7×10^4 kg 的货物，提升的速度将是多大？

§6.2　动 能 与 功

一、动能

设一个物体的质量为 m，初速度为 v_1，在与运动方向相同的恒力 F 的作用下发生一段位移 s，速度增加到 v_2（图 6—2—1）。

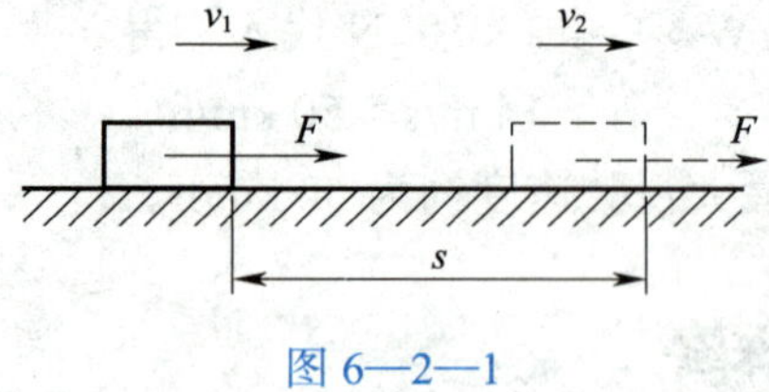

图 6—2—1

在这一过程中，力 F 做的功 $W=Fs$，根据牛顿第二定律有 $F=ma$，而匀加速直线运动中 $s=\frac{v_2^2-v_1^2}{2a}$，由此可得 $W=Fs=ma\frac{v_2^2-v_1^2}{2a}$，即

$$W=\frac{1}{2}mv_2^2-\frac{1}{2}mv_1^2$$

从上式中可以看出，$\frac{1}{2}mv^2$很可能是一个具有特殊意义的物理量：运动结束时刻和开始时刻，这个量取值之差正好等于力对物体所做的功。

物理学中，把$\frac{1}{2}mv^2$叫作物体的**动能**，用符号 E_k 表示，即

$$E_k=\frac{1}{2}mv^2$$

这就是说，**物体的动能等于它的质量与它的速度二次方乘积的一半**。

与功一样，动能也是一个标量。在国际单位制中，动能的单位是J。

$$1\ J=1\ kg\cdot m^2/s^2=1\ N\cdot m$$

例题 我国于1970年发射了第一颗人造地球卫星，质量为173 kg，运动速度为7.2 km/s，它的动能是多大？

解 卫星动能 $E_k=\frac{1}{2}mv^2=\frac{1}{2}\times173\times(7.2\times10^3)^2\ J=4.48\times10^9\ J$

在匀加速直线运动中，设物体初速度为 v_1，经过时间 t 位移 s，末速度为 v_2，加速度为 a，则有

$$s=v_1t+\frac{1}{2}at^2 \quad (1)$$

由 $v_2=v_1+at$ 可得

$$t=\frac{v_2-v_1}{a} \quad (2)$$

将（2）代入（1）并整理，得

$$s=\frac{v_2^2-v_1^2}{2a}$$

二、动能定理

在得到动能的表达式后，$W=\frac{1}{2}mv_2^2-\frac{1}{2}mv_1^2$可以写成

$$W=E_{k2}-E_{k1}$$

式中，E_{k2} 表示物体的末动能 $\frac{1}{2}mv_2^2$，E_{k1} 表示物体的初动能 $\frac{1}{2}mv_1^2$。

这表明，**力对物体做的功等于物体动能的变化**。这个结论叫作**动能定理**。

如果物体受到几个力的共同作用，则公式中的 W 表示这几个力的合力所做的功（几个力做功的代数和）。

这里所说的力，既可以是重力、弹力、摩擦力，也可以是任何其他的力。

知识窗

动能定理的普适性

动能定理是在物体受到恒力且做直线运动的条件下推导出来的。可以证明，当力是变化的，物体做曲线运动时，动能定理仍然成立。正是由于动能定理适用于变化的力，它才可以被广泛应用。

三、动能变化与做功的关系

通过对动能定理的研究，我们初步认识到：力对物体做多少功，

物体动能就改变多少。可见，通过力对物体做功的多少，可以量度出动能变化的多少。

人们通过对功和能关系的长期研究发现：除了动能，在其他任何形式的能量变化过程中，这个结论也是正确的，即**功是能量变化的量度**。

因此，我们可以根据能量变化的多少来计算功，也可以根据做功的多少来计算能量变化的多少。

四、动能定理的应用

运用动能定理求解力学问题往往比较简单，这是因为它不涉及物体运动过程中的加速度和时间。应用动能定理时，必须分析清楚物体所经历的过程及受力情况。

例题 1 一架喷气式飞机，质量 $m=5.0\times10^3$ kg，起飞过程中从静止状态开始滑跑至速度 $v=60$ m/s 起飞（图 6—2—2）。已知飞机受到的牵引力 $F=1.8\times10^4$ N，飞机受到的平均阻力是飞机重力的 0.02 倍（以系数 k 表示），求飞机滑跑的路程 s。

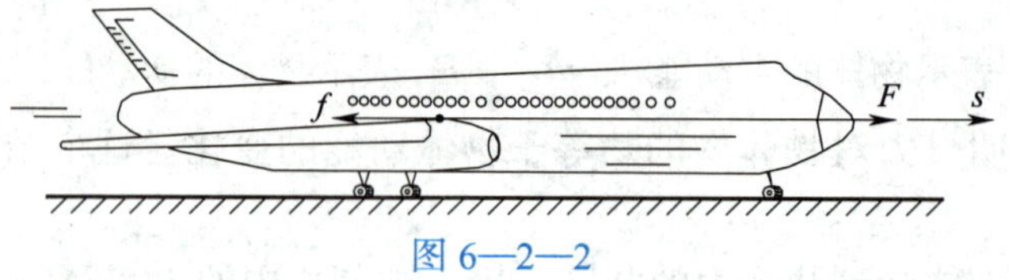

图 6—2—2

分析 飞机在水平方向受到的外力是牵引力 F 和阻力 f，在竖直方向受力是平衡的。

解 由动能定理得

$$(F-f)s=\frac{1}{2}mv^2-0$$

其中 $f=kmg$，代入上式解得

$$s=\frac{mv^2}{2(F-kmg)}$$

代入已知数据得 $s=5.3\times10^2$ m。

想一想

本题若用牛顿第二定律和匀变速运动公式求解，解得的结果相同吗？两种解法中哪种更为简便？为什么？

例题 2 一辆质量为 m=1.5 t，速度为 v_0=36 km/h 的汽车关闭发动机后在水平地面上滑行了 l=40 m 后停了下来（图 6—2—3），试求汽车受到的阻力。

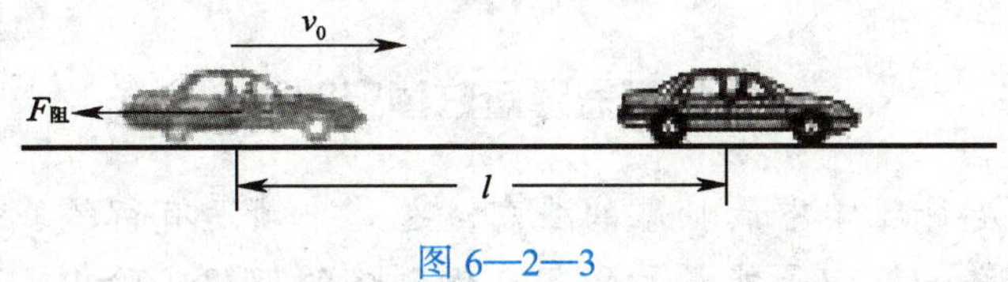

图 6—2—3

分析 我们讨论的是汽车从关闭发动机到静止状态的运动过程。这个过程的初动能、末动能都可求出，因而应用动能定理可以知道阻力做的功，进而求出汽车受到的阻力。

解 汽车的初动能为$\frac{1}{2}mv_0^2$，末动能为 0，阻力 $F_阻$做的功为 $-F_阻 l$。应用动能定理，有

$$-F_阻 l=0-\frac{1}{2}mv_0^2$$

由此解出

$$F_阻=\frac{mv_0^2}{2l}$$

代入已知数据可解得 $F_阻=1.9\times10^3$ N。

体验与探索

1. 例题 2 中，伴随着阻力做功，汽车的动能不断减少，直至消失。试问汽车的动能哪儿去了？与此类似，铅球突入沙坑，标枪扎进地面，跳水运动员入水，请分别分析其动能消失的原因及所消失动能的去向。

2. 节日里，人们常常会燃放焰火。根据焰火弹的质量及升空高度，你能大致估算出火药对焰火弹所做功的大小吗？

练习与巩固

1. 质量 10 g 以 800 m/s 的速度飞行的子弹，质量 60 kg 以 10 m/s 的速度奔跑的运动员，动能各是多少？哪一个动能大？

2. 把一辆汽车的速度从 10 km/h 加速到 20 km/h，或者从 50 km/h

加速到 60 km/h，哪种情况做的功比较多？请说明理由。

科学漫步

能量概念是怎样建立的？

能量是物理学中最抽象的概念，也是牛顿没有留给我们的少数力学概念之一，但是能量的思想在伽利略的理想实验中已经显现出来了。

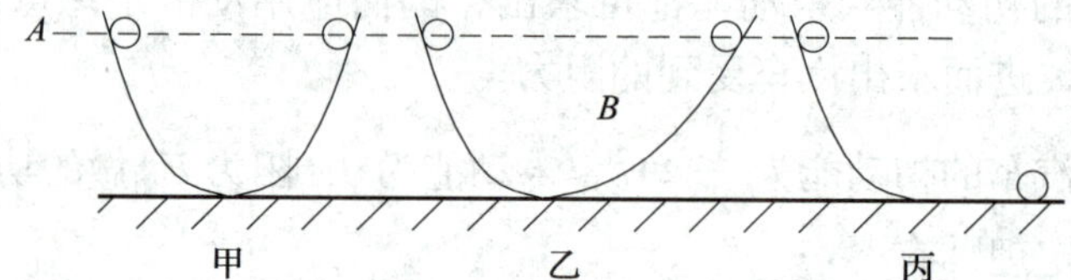

在这个实验中，小球从斜面 A 滚下，就会继续滚上另一个斜面 B，伽利略推断，如果斜面光滑，无论斜面是陡一些还是缓一些，小球将会滚到相同的高度，绝不会高一点，也不会更低一点。这个结论启发人们，小球好像总是“记得”自己起始的高度。人们通过长期的探索认识到，小球在运动过程中，某个“东西”是守恒的，这个“东西”正是小球所“记得”的。在物理学中，这个“东西”叫作能量或能。前面学过的动能是能量的一种形式，它还有其他多种形式。人们在认识能量的过程中，逐步建立了功的概念，并且认识到功和能是两个相互联系的物理量。

§6.3 重力势能与重力的功

一、重力的功

人无论是爬楼梯还是爬竖直梯，重力做功都等于 $mg\cdot(h_1-h_2)$（图 6—3—1）。

研究表明，**物体运动时，重力对物体做的功只与它的起点和终点的位置有关，而与物体运动的路径无关。**重力的功可用公式表示为

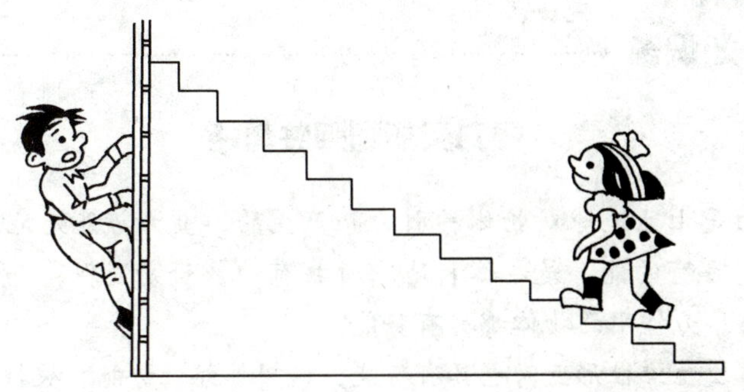

图 6—3—1

$$W_G=mgh_1-mgh_2$$

看起来，物体的重力 mg 与所处位置的高度 h 的乘积 mgh，是一个具有特殊意义的物理量。

二、重力势能

什么是重力势能 “mgh”这个物理量的特殊意义在于，它与重力的功密切联系，而功是能量变化的量度。因此，根据公式 $W_G=mgh_1-mgh_2$ 可以断言，重力做功必然伴随着某种能量的改变，mgh 一定是某种形式的能量。

物理学中，把 mgh 叫作物体的**重力势能**。用 E_p 表示重力势能，则

$$E_p=mgh$$

上式表明，**物体的重力势能等于它所受重力 mg 和所在高度 h 的乘积**。

重力势能是标量。与功的单位一样，在国际单位制中，它的单位是 J。

重力势能的相对性 我们说物体具有重力势能 mgh，这总是相对于某个水平面来说的，这个水平面叫作**参考平面**。如图 6—3—2 所示，以 B 为参考，A 具有的重力势能为正，C 具有的重力势能为负。

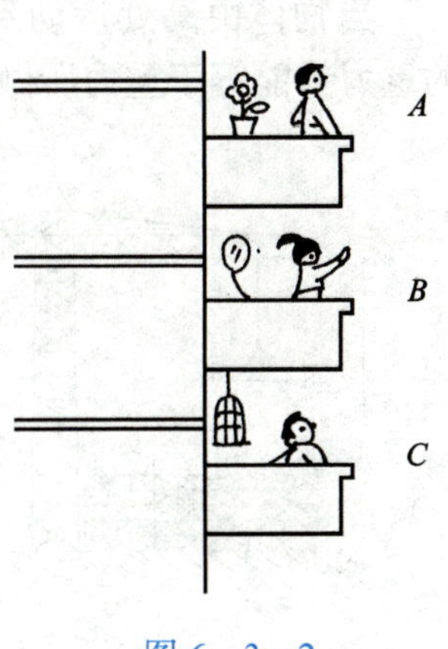

图 6—3—2

处理具体问题时，选择哪个水平面作为参考平面，可视研究问题的方便而定。通常选择地面作为参考平面。

知识窗

重力势能和弹性势能

重力是由于地球对物体的引力而产生的，重力势能是地球与物体相互作用具有的能，是物体和地球所共有的。研究发现，一切受到吸引力或排斥力作用的物体都具有势能。

物体发生弹性形变时也具有势能，这叫作弹性势能。被拉伸或压缩的弹簧都具有弹性势能。不只是弹簧，任何发生弹性形变的物体，如卷紧了的发条、拉弯了的弓、正在支撑运动员起跳的撑杆（图 6—3—3）等，也都具有弹性势能。

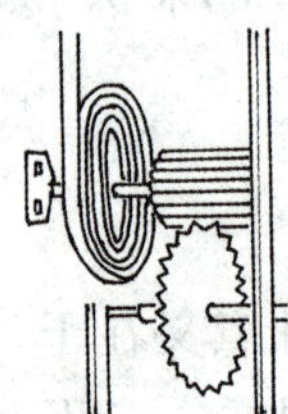

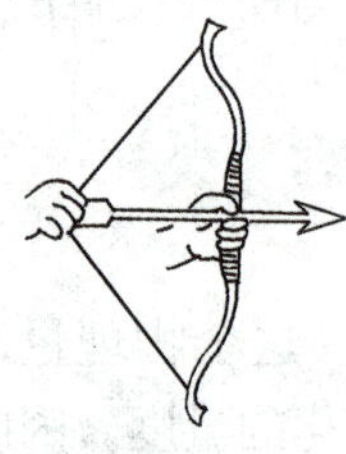

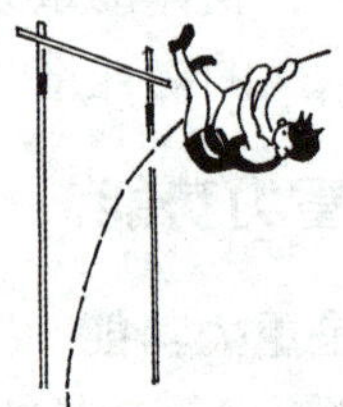

图 6—3—3

三、重力势能变化与重力做功的关系

有了重力势能表达式，重力做功的公式 $W_G=mgh_1-mgh_2$ 可以写成

$$W_G=E_{p1}-E_{p2}$$

可见，**重力做的功等于重力势能的减少**。

当物体由高处运动到低处时，重力做正功，重力势能减少，减少的重力势能等于重力所做的功（图 6—3—4a）。

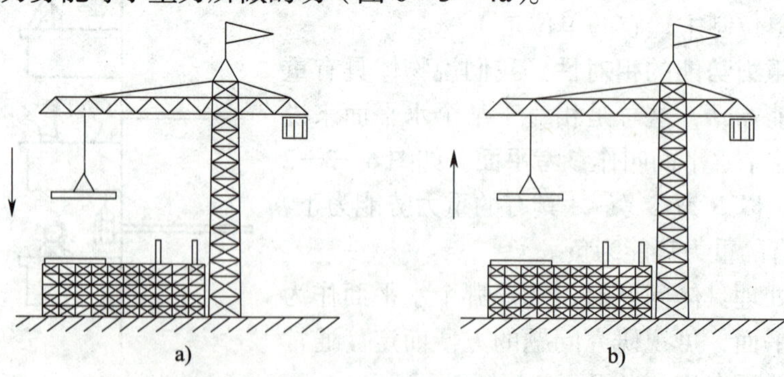

图 6—3—4

当物体由低处运动到高处时，重力做负功，重力势能增加，增加的重力势能等于克服重力所做的功（图 6—3—4b）。

例题 如图 6—3—5 所示，质量 m=0.5 kg 的小球，从距桌面高 h_1=1.2 m 的 A 点下落到地面上的 B 点，已知桌面高 h_2=0.8 m，分别以桌面、地面为参考平面，试求小球在 A、B 点具有的重力势能（取 g=10 m/s^2）。

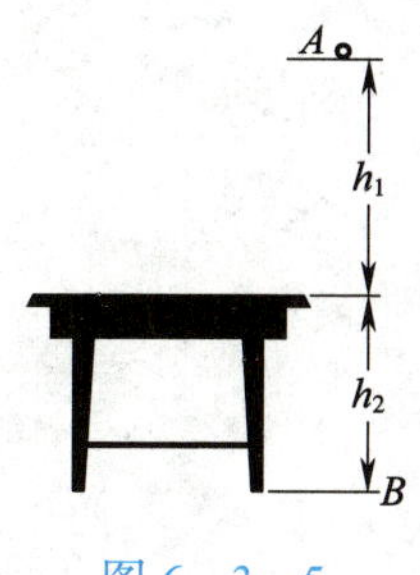

图 6—3—5

分析 计算重力势能关键是零势能参考平面的确定，当物体的位置在零势能面以上时，重力势能为正；当物体在零势能面以下时，重力势能为负。

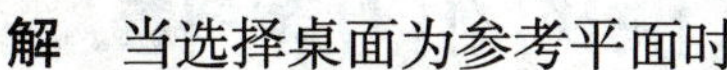

解 当选择桌面为参考平面时

小球在 A 点的重力势能 $E_{pA}=mgh_1$=6 J

小球在 B 点的重力势能 $E_{pB}=mgh_2$=−4 J

当选择地面为参考平面时

小球在 A 点的重力势能 $E_{pA'}=mg(h_1+h_2)$=10 J

小球在 B 点的重力势能 $E_{pB'}=mgh_2$=4 J

体验与探索

取一个轻质柔性盛水袋灌水，然后从袋壁一侧轻轻用力推动以使它变形（图 6—3—6）。请同学们思考，这时袋中水的重力势能是增大了、变小了，还是不变？

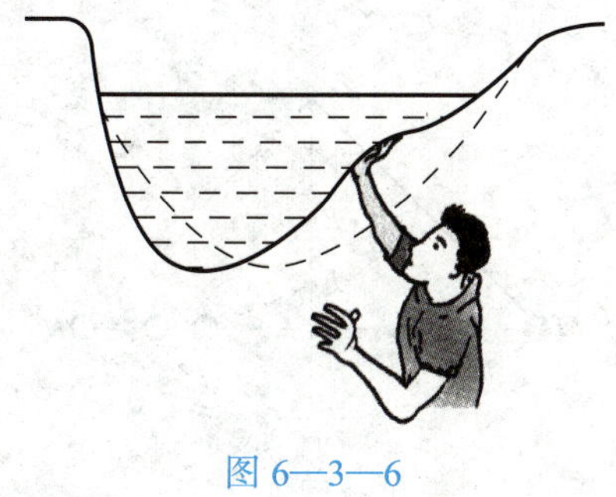

图 6—3—6

练习与巩固

例题中，小球从 A 点下落到地面上的 B 点，请同学们在表格的空白处按要求填入数据。

所选择的参考平面	整个下落过程中 小球重力做的功	整个下落过程中 小球重力势能的变化
桌面		
地面		

通过填写上表，你能得出哪些结论？

§6.4 动能和势能的相互转化

实 验

17 世纪初，意大利物理学家伽利略在研究中发现了“摆球的等高性”。

图 6—4—1 所示为他当时研究的装置（叫作伽利略摆）。将小球拉到一定高度，然后释放，观察小球能摆多高，在哪个位置速度最大。在悬点正下方设置一水平挡钉，使得小球运动到最低点时，悬线被挡钉挡住，再将小球拉到与先前同样的高度，然后释放，观察小球能摆多高，在哪个位置速度最大。重复这一实验，并思考该实验结果说明了什么。

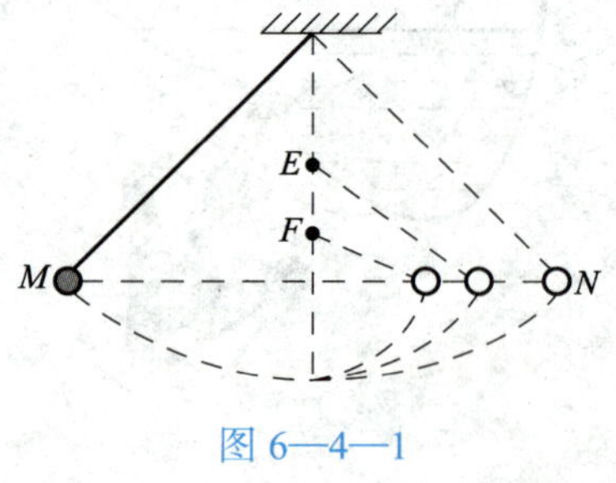

图 6—4—1

一、机械能

机械能 机械能是宏观物体的势能与动能的总和。机械能包括动能、重力势能和弹性势能，可用符号 E 表示。

动能与势能的相互转化 机械运动过程中，动能与势能可以相互转化，如图 6—4—2 所示。

图 6—4—2

二、机械能守恒定律

如图 6—4—3 所示，设一个质量为 m 的物体自由下落，经过高度为 h_1 的 A 点（初位置）时速度为 v_1，下落到高度为 h_2 的 B 点（末位置）时速度为 v_2。由动能定理可得重力做的功

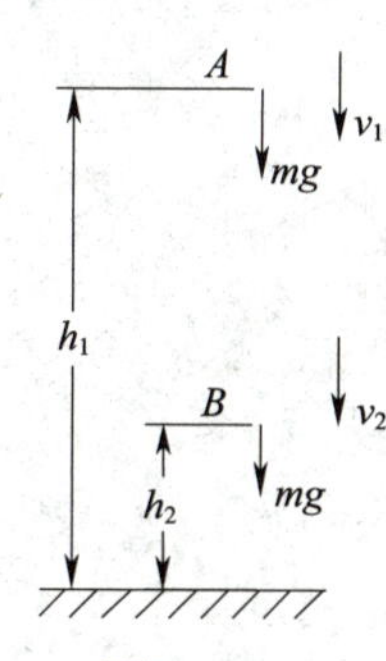

图 6—4—3

$$W_G=\frac{1}{2}mv_2^2-\frac{1}{2}mv_1^2 \qquad (1)$$

又因为

$$W_G=mgh_1-mgh_2 \qquad (2)$$

由（1）式和（2）式可得

$$\frac{1}{2}mv_2^2-\frac{1}{2}mv_1^2=mgh_1-mgh_2 \qquad (3)$$

移项后可得

$$\frac{1}{2}mv_2^2+mgh_2=\frac{1}{2}mv_1^2+mgh_1$$

或者

$$E_{k2}+E_{p2}=E_{k1}+E_{p1} \qquad (4)$$

上式表示，在自由落体运动中，动能和重力势能之和即总的机械能保持不变。

上述结论不仅对自由落体运动是正确的，可以证明，在只有重力做功的情况下，无论物体做直线运动还是做曲线运动，上述结论都是正确的。

物体的动能和势能可以相互转化，在只有重力做功的情形下，机械能总量保持不变。这个结论叫作**机械能守恒定律**。

三、机械能守恒定律的应用

解决某些力学问题，从能量的观点来分析，应用机械能守恒定律求解，往往比较方便。应用机械能守恒定律时，必须分析物体或系统的受力情况，判断是否满足机械能守恒。

例题 1 一个物体从高 h 的光滑曲面顶端由静止状态开始下滑，如图 6—4—4 所示。不计空气阻力，求物体滑到曲面底端时的速度的大小。

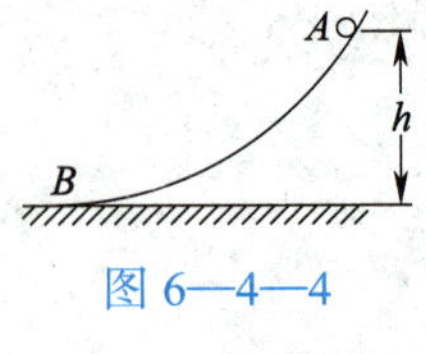

图 6—4—4

分析 物体沿曲面向下做变加速运动，直接由牛顿第二定律和运动学公式求解非常困难。

物体运动过程中受重力和支持力的作用，而支持力始终与运动方向垂直，不做功，又不计摩擦和空气阻力，因此，满足机械能守恒的条件。

解 设物体的质量为 m，选择地面为参考平面。

在初位置 A

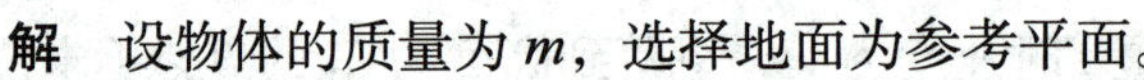

$$E_{p1}=mgh \qquad E_{k1}=0$$

在末位置 B

$$E_{p2}=0 \qquad E_{k2}=\frac{1}{2}mv^2$$

根据机械能守恒定律有 $E_{k2}+E_{p2}=E_{k1}+E_{p1}$，即

$$\frac{1}{2}mv^2=mgh$$

解得 $$v=\sqrt{2gh}$$

由以上结果可以看出，物体滑到 B 点时的速度大小只与下滑的高度 h 有关，与物体的质量、轨迹的形状等无关，等同于从高 h 处自由落体运动的末速度大小。

例题 2 用细绳悬挂一个质量为 m 的小球，绳的另一端固定在 O 点，绳长为 l，如图 6—4—5 所示。将细绳连同小球一起拉至与竖直方向成 θ 角的位置，然后放手，求小球到达最低点时的速度。

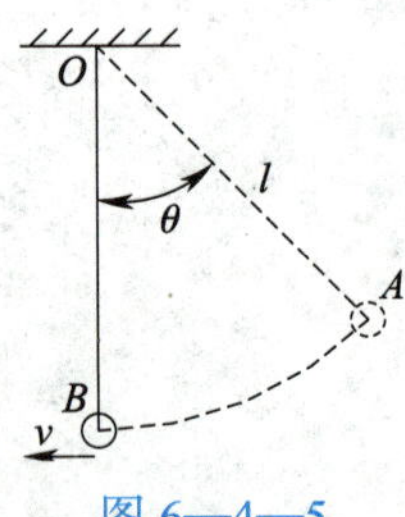

图 6—4—5

分析 本题与例题 1 一样，也不能用牛顿第二定律和运动学公式求解，应考虑应用机械能守恒定律：小球运动过程中受重力和绳的拉力，但后者不做功，因此，满足机械能守恒的条件。

解 根据机械能守恒定律有

$$E_{kB}+E_{pB}=E_{kA}+E_{pA}$$

代入数据得 $\frac{1}{2}mv_B^2+0=0+mgl(1-\cos\theta)$

解得 $v_B=\sqrt{2gl(1-\cos\theta)}$

由以上例题可以看出，应用机械能守恒定律解题，具有两个优势：一是由于不必考虑两状态之间的变化过程细节，给研究问题带来方便；二是对于应用牛顿第二定律解决较复杂的问题，如曲线运动或物体受力变化频繁等情形，应用机械能守恒定律则迎刃而解。

体验与探索

请同学们准备铅笔三支、橡皮筋一根、小球一个、圆木杆一根，做一个很有趣的“小球自动上坡”实验。首先，用橡皮筋将两支铅笔的一端扎紧，另一端拉开适当的距离后搁在第三支铅笔上，构成一个木支架，宽端略高于窄端（图 6—4—6）。然后，分别将圆木杆、小球搁置在木支架的宽端和窄端，观察所发生的现象。这样的实验结果是否出乎你的意料？你能够解释实验现象发生的原因吗？

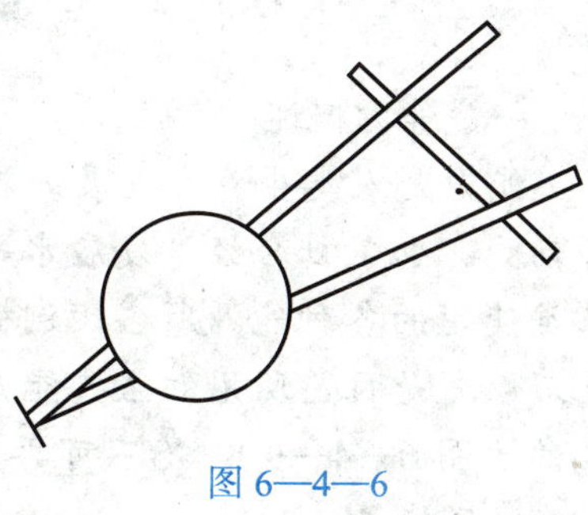

图 6—4—6

练习与巩固

1. “神舟九号”飞船在发射至返回的过程中，(　　) 阶段返回舱的机械能是守恒的。

   A. 飞船升空

   B. 飞船在椭圆轨道上绕地球运行

   C. 飞船在空中减速后，返回舱与轨道舱分离，然后在大气层以外向着地球做无动力飞行

   D. 进入大气层并飞行一段时间后，降落伞打开，返回舱下降

2. 有一种地下铁道，车站站台建得较高，车辆进站时要上坡，出站时要下坡，如图 6—4—7 所示。设站台高度是 2 m，进站车辆到达坡

下的 A 点时速度为 25.2 km/h，此时切断电动机的电源，车辆能不能冲到与站台同等的高度上？

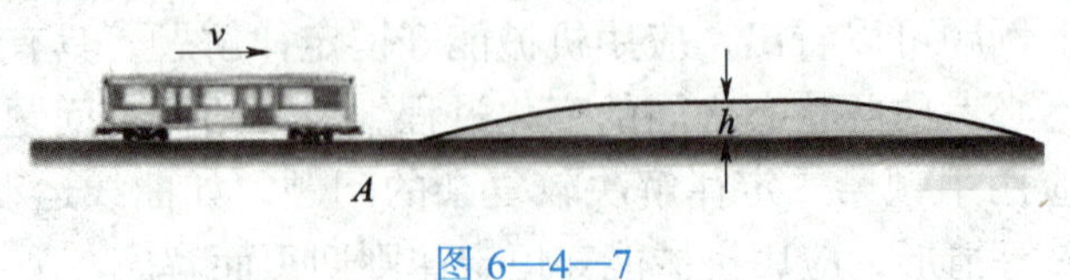

图 6—4—7

科学漫步

能 源

一、能源概述

能源是人类生存和发展的物质基础，是人类从事各种经济活动的原动力，也是社会经济发展水平的重要标志。图 6—4—8 所示为目前人类使用的各种能源所占比例概况。由图可见，煤、石油、天然气等化石燃料是目前所用的主要能源，它们是千百万年前由太阳能转化而成的（图 6—4—9），是不可再生的。在地球能源仓库中，还有水能、核能、风能等。

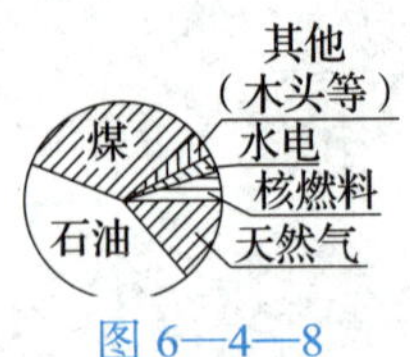

图 6—4—8

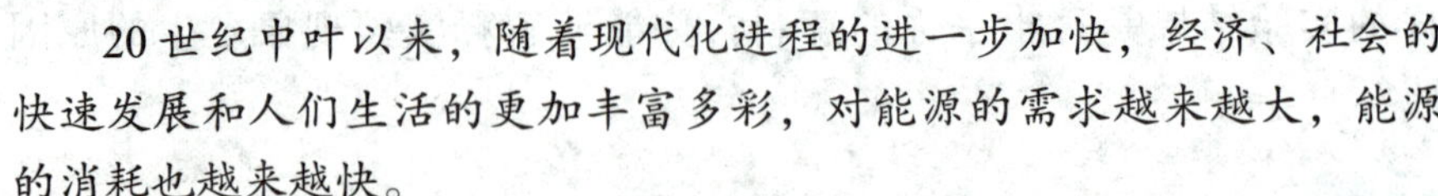

20 世纪中叶以来，随着现代化进程的进一步加快，经济、社会的快速发展和人们生活的更加丰富多彩，对能源的需求越来越大，能源的消耗也越来越快。

但是地球能源仓库的库存量是有限的，不可再生能源的过度开采和消耗给人类带来了能源危机。化石能源的大量使用也给环境造成了危害，影响了人类的生存。

图 6—4—9

常规能源的短缺和使用这些能源所带来的环境污染，使得新能源的开发成为当务之急。为了既满足当今社会发展对能源的现实需求，又保证未来社会发展对能源的潜在需求，世界各国都制定了关于能源的可持续发展战略，尽可能地开发和利用各种新能源，千方百计地提高不可再生能源的合理利用率和转化效率，并且厉行节约，避免浪费。

我国能源资源虽然品种齐全，总量（不包括铀）约占世界的 11%，居世界第三位，但人均拥有量仅相当于世界平均水平的一半，而且优质能源相对较少。我国能源资源总量中煤炭占 90% 以上，而热效率高的石油、天然气等优质、清洁、低碳能源所占比例仅为 2.3%，远低于世界平均水平21%。据预测，到2020年，中国的能源需求总量将达到近25亿吨标准煤，这个数字比2000年高出了90%。

如果在能源的使用过程中，大气环境得不到有效的治理，到2020年，城市中受污染影响的人口将急剧增加。因此，我国制定了相应的可持续发展战略，让能源的开发与利用以及能源与环境等协调发展，力求在发展能源的同时，保护好环境，让天更蓝、水更清、地更绿。

二、能源的转化效率

人们利用机器工作时，都要输入能量让它做功，但任何机器都不可能将输入的能量全部转化为有用的能量，必然会有一部分能量要损失掉。如电动机将电能转化为机械能时，总会有一部分电能转化为导线的热能，还有一部分因摩擦而转化为机器的热能。白炽灯只能将输入电能的不到10%转化为我们需要的光能。

为了衡量机器能将多少输入能量转化为有用的能量，人们提出了“能量转化效率”这一概念，它是转化为有用功的能量与输入能量的比值。

$$\eta=\frac{E_{有用}}{E_{总}}\times 100\%$$

三、能量耗散

燃料燃烧时一旦把自己的热量释放出去，它就不会再次自动聚集起来供人类重新利用；电池中的化学能转化为电能，它又通过灯泡转化为热能和光能，热和光被其他物质吸收之后变成周围环境的内能，我们也无法把这些内能收集起来重新利用。这种现象叫作能量耗散。

城市的工业和交通急剧发展，在给人们的生活带来方便的同时，也使得城市环境接收了过多耗散的能量，使城市环境温度升高。

能量耗散表明，在能源利用过程中，即在能量转化过程中，能量在数量上并未减少，但在可利用的品质上却降低了，从便于利用的变成不便于利用的。这是能源危机更深层次的含义，也是“自然界的能量虽然守恒，但还是要节约能源”的根本原因。能量耗散从能量转化的角度反映出自然界中宏观过程的方向性。例如，沙漠化的土地不会自发地变为绿洲，黑臭的河流不会自动地变成清流。因此，人类不仅要珍惜能源和资源，还要自觉地保护自然环境。

第7章

热学知识

§7.1 分子动理论

一、物体是由大量分子组成的

我们在初中已经学过，物体是由大量分子组成的。据估算，1 cm^3 的空气中有 10^{22} ～ 10^{23} 个分子，这可是一个惊人的数字。

知识窗

怎样估测分子的大小?

图 7—1—1

把很小的一滴油酸滴在水面上，油酸在水面上会形成单分子层油膜（图 7—1—1）。油酸分子的一端对水有很强的亲和力，被吸引在水中，另一端对水没有亲和力，便冒出水面，因此油酸分子都是直立在水中的，单分子层油膜的厚度等于油酸分子的长度。若把分子当成小球，油膜的厚度也就等于分子的直径。

取 1 mL 的油酸，并精确地测出它的体积，用无水酒精按 1 : 500 的体积比稀释油酸，使油酸在酒精中充分溶解。用滴管提取 1 mL 稀释后的油酸，并测算出滴管中滴出一滴的体积。在盛水浅盘中倒入约 1 cm 深的蒸馏水，为便于观测油膜的面积，可在水面上轻撒一层石松粉，在水盘中央滴一滴油酸酒精溶液，于是油酸在水面上迅速散开。当油膜面积不再扩大时，将一块玻璃盖在浅盘边缘上，并用彩笔描出油膜的轮廓图（图 7—1—2）。把这块玻璃放在方格纸上，数出油膜面积所占的格数，然后计算出油膜的面积。于是，油膜的厚度（$d=V/S$）便可测算出来。

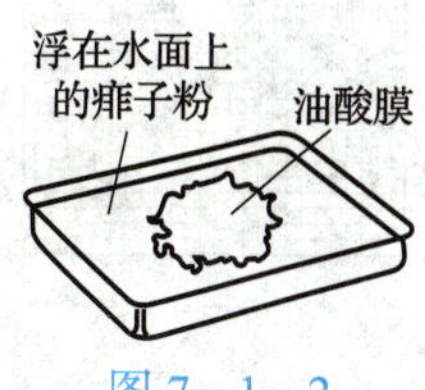

图 7—1—2

实验表明，若把分子看成球形，它的直径大约是 10^{-10} m。可见，分子是极其微小的。不但用肉眼无法直接看到它们，就是用高倍光学显微镜也看不到。

想一想

如何准确地测出一滴油酸酒精溶液的体积？

做一做

请根据分子直径的大小，估算一滴水中大约包含有多少个水分子。

二、分子的热运动

实验一

在玻璃杯中倒半杯清水，然后用长颈漏斗慢慢地把墨汁注入，使它留在杯底，不要搅动液体。半小时后观察两种液体分界面的变化。

实验表明，不同物质相互接触时，能够彼此进入对方。物理学中，把这种现象叫作**扩散**。

实验二

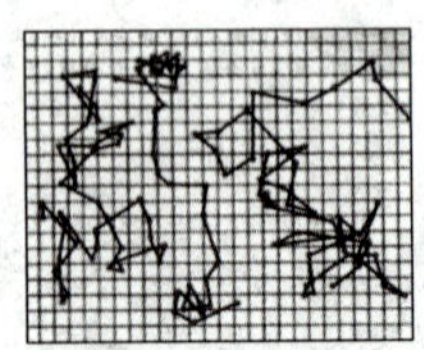
图 7—1—3

将墨汁用水稀释后取出一滴放在高倍光学显微镜下观察，可以看到悬浮在液体中的小炭粒在不停地做无规则运动。

在显微镜下追踪一个小炭粒的运动，每隔 30 s 把炭粒的位置记录下来，然后用直线把这些位置按时间顺序连接起来，就得到如图 7—1—3 所示微粒运动的位置连线。可以看出，微粒的运动是无规则的。

实验表明，悬浮微粒在不停地做无规则运动，这是 1827 年英国植物学家布朗用显微镜观察悬浮在水中的花粉时发现的。于是，人们就把悬浮微粒的这种运动叫作**布朗运动**。

上述扩散现象和布朗运动实验表明，一切物质的分子都在一刻不停地做无规则运动，温度越高，运动越剧烈。我们把这种运动叫作**热运动**。

三、分子间的相互作用力

物体是由分子组成的，分子在永不停息地做无规则热运动，这说明分子间是有间隙的。然而，大量分子却能聚集在一起形成固体而不彼此分离，这是为什么呢?

研究表明，分子间同时存在吸引力和排斥力，它们的大小都与分子间的距离有关。

当分子间距离较小时，排斥力大于吸引力，对外表现为斥力；当分子间距离较大时，吸引力大于排斥力，对外表现为引力；当分子间距离恰当时，吸引力等于排斥力，对外表现为分子力为零。

一般来说，当分子间距离大于 10 倍的分子直径时，分子力可近似认为等于零。

分子不停地做无规则运动并发生相互作用，决定着物质的三种基本形态：固态、液态和气态。

四、分子动理论

上述研究和分析表明，物体是由大量分子组成的，分子在做永不停息的无规则运动，分子之间存在引力和斥力。这就是分子动理论的主要内容。

知识窗

统计规律

物理学在研究热现象和热运动的规律时，一个非常重要的依据是大量分子组成的系统所反映的规律性。系统中的一个分子由于不停地运动，不时受到碰撞，其速度的大小和方向都经常发生不可预测的变动，整个系统中所有分子的运动呈现一片杂乱无章的景象。但就系统整体来说，却存在着一定的规律性，这就是统计规律。

用分子动理论的观点研究热现象，涉及大量分子，我们需要知道的是大量分子整体所遵循的统计规律。因此，在研究热现象时统计规律具有重要作用。

体验与探索

如图 7—1—4 所示，将一块洗净的玻璃板四周用线固定，吊在弹簧秤的下端，使玻璃板水平地接触水面。如果你想使玻璃板离开水面，必须用比玻璃板质量大的力向上拉弹簧秤。动手做一做，并解释为什么。

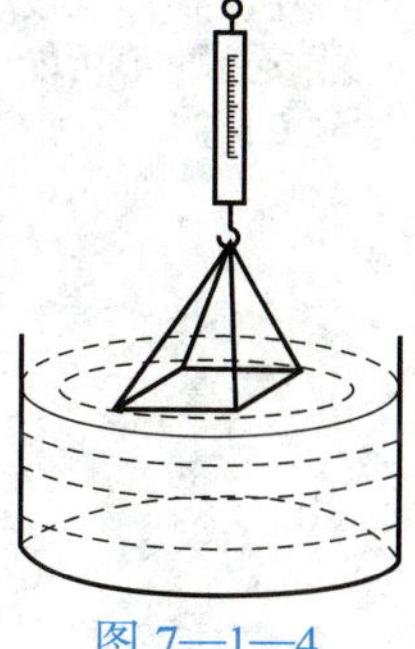

图 7—1—4

练习与巩固

1. 下列关于扩散现象和布朗运动的叙述正确的是（　　）。

A. 扩散现象和布朗运动没有本质的区别

B. 扩散现象突出说明了物质的迁移规律，布朗运动突出说明了分子运动的无规则性规律

C. 扩散现象和布朗运动都与温度有关

D. 以上说法都不对

2. 请你通过一个日常生活中的扩散现象来说明“温度越高，分子运动越剧烈”。

§7.2 物体的内能

一、分子动能 温度

宏观物体运动时具有动能。同样地，做无规则热运动的分子也具有动能。

物体中分子运动速率有大有小，因此，各个分子的动能也不相同。但是在热现象研究中，我们所关注的是物体里所有分子的动能平均值，这个平均值叫作**分子的平均动能**。温度越高，分子热运动越剧烈，分子的平均动能就越大。实际上，温度是物体分子热运动的平均动能的标志。

当物体温度接近 0 K 时，分子热运动近乎停止。自然界中，物体温度只能接近而不可能达到 0 K。

要确定物体的温度高低，必须有一个标准，即温标。常见的温标有两种：摄氏温标和热力学温标。

摄氏温度用 t 表示，单位是℃（摄氏度）；热力学温度用 T 表示，单位是 K（开尔文），它是国际单位制中的七个基本量之一。

热力学温度和摄氏温度之间的数量关系是

$$T=t+273$$

例如，摄氏温度为 t=0℃，用热力学温度表示为 T=273 K；热力学温度为 T=0 K，用摄氏温度表示为 t=−273℃。

二、分子势能

除了动能，分子间也存在势能。分子间存在相互作用力，从而具有与其相对位置有关的能量，即**分子势能**。物体体积改变时，分子间距离改变，分子势能也发生改变。可见，分子势能与物体体积有关。

知识窗

平衡态

在物理学中，通常把所研究的对象称为系统，如一瓶气体、几个相互接触的物体、器皿中的液体等。我们需要研究系统的各种性质，包括几何性质、力学性质、热学性质等。为了描述系统的性质，需要用到一些物理量，例如用体积描述几何性质，用压强描述力学性质，用温度描述热学性质。这些描述系统状态的物理量叫作系统的状态参量。

要定量描述系统的状态往往很难，因为有时系统各部分的参量并不相同，而且可能正在发生变化。然而在没有外界影响的情况下，只要经过足够长的时间，系统内各部分的状态参量会达到稳定。举例来说，把不同压强、不同温度的气体混在同一个容器中，如果容器和外界没有能量交换，经过一段时间后，容器内各点的温度、压强就会变得一样。在这种情况下，我们说系统达到了平衡态，否则就是非平衡态。

由于实际上并不存在完全不受外界影响，并且宏观性质绝对保持不变的系统，因此平衡态只是一个理想化的概念，它是在一定条件下对实际情况的抽象和概括。

三、内能

分子具有动能和势能，我们把物体中所有分子的动能和势能的总和叫作**物体的内能**。

一切物体都是由做无规则热运动且相互作用的分子组成，因此任何物体都具有内能。

由于分子平均动能与温度有关，分子势能与体积有关，因此，物体内能与温度和体积都有关系。

温度升高时，分子动能增加，物体内能也增加。体积变化时，分子势能发生变化，物体内能也发生变化。

体验与探索

飞机从地面上由静止状态起飞，随后在高空做高速航行。有的同学说：“在这段时间内，飞机中乘客的动能、势能都增大了，他身体中所有分子的动能和势能也都增大了，因此乘客的内能增大了。”这种说法对吗？为什么？

练习与巩固

1. 气象台预报某地某日的最高温度是37℃，合多少开尔文？进行低温研究时，热力学温度是3.5 K，合多少摄氏度？

2. 已知某物理量X与热力学温度成正比，请把这个关系用等式表示出来。现在用摄氏温度t来表示温度，这个关系式该怎样写？

§7.3　热力学第一定律

一、改变内能的两种方式

想一想

天寒地冻，人们总爱搓手以防手指冻伤，这是什么道理？

实验一

如图7—3—1所示，将一小块浸过乙醚的棉花团放入一个坚固的玻璃筒的底部，快速压下活塞，对筒内气体做功，气体内能迅速增加，气体温度升高，可以观察到空气被压缩后棉花燃烧起来。

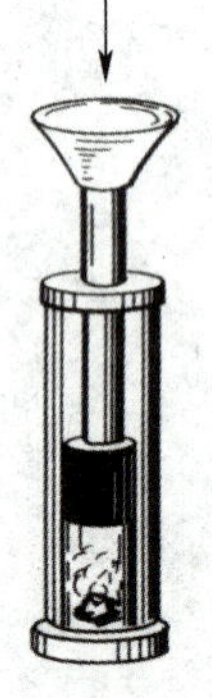

图7—3—1

做功　实验表明，外力对玻璃筒内的气体做功后，气体内能增加，温度升高，使含有乙醚的气体燃烧。

锉削工件时，工件和锉刀都会发热。锯割木头时，锯条和木头都会发热。用砂轮磨刀具时，砂轮和刀具也都会发热。可见，做功能够改变物体的内能。

实验二

将一袋冷牛奶放入盛有开水的杯子里，过一段时间后，取出牛奶。我们发现牛奶的温度升高了，杯中水的温度降低了。

热传递 实验表明，尽管没有对水做功，但是通过牛奶与热水之间的热传递，也可以改变物体的内能。可见，热传递是改变物体内能的又一种方式。

热传递的方式有三种，即热传导、热对流和热辐射。

二、热力学第一定律

设外界对物体做功为 W，外界传递给物体的热量为 Q，物体内能的改变量为ΔU，则

$$\Delta U=Q+W$$

上式可表述为：物体内能的改变量等于外界传递给物体的热量和外界对物体做功的和。

热力学第一定律深刻地揭示：自然界的能量是守恒的。

这一关于做功、热量及内能三者关系的表述就是**热力学第一定律**。

若外界对物体做功，$W>0$，W 取正号；物体对外界做功，$W<0$，W 取负号。

若物体从外界吸热，$Q>0$，Q 取正号；物体向外界放热，$Q<0$，Q 取负号。

若物体内能增加，$\Delta U>0$，ΔU 取正号；物体内能减小，$\Delta U<0$，ΔU 取负号。

例题 一定量的理想气体从外界吸热 60 kJ，同时对外做功 80 kJ，物体内能改变了多少？温度是升高还是降低？

解 根据热力学第一定律有

$$\Delta U=Q+W=60+(-80)\text{ kJ}=-20\text{ kJ}$$

因为$\Delta U<0$，所以气体温度下降。

三、能量守恒定律

图 7—3—1 所示实验一中，当物体内能增加时，一定有等量的机械能转化成内能；反之，当内能减少时，一定有等量的内能转化成机械能。

实验二中，当物体从外界吸热时，一定有等量的内能由外界传递给这个物体；反之，当物体向外界放热时，一定有等量的内能由这个物体传递给外界。

热力学第一定律告诉我们，做功和热传递提供给物体多少能量，物体内能就增加多少，能量在转化过程中守恒。

除了机械能，其他形式的能也可以与内能相互转化。例如通电后导线发热，电能转化成热能。干电池供电时，化学能转化成电能，电

能转化成热能等其他形式的能。

大量事实证明，各种形式的能都可以相互转化，并且在转化过程中守恒。

能量既不会凭空产生，也不会凭空消失。它只能从一种形式转化为别的形式，或者从一个物体转移到别的物体。在转化或转移过程中，其总量不变。这就是**能量守恒定律**。

能量守恒定律是人类在长期生产、生活实践中所发现并总结出来的基本规律，被恩格斯誉为19世纪自然科学的三大发现之一。

体验与探索

图 7—3—2

取一只大口玻璃瓶，瓶内放少许热水，使水的上方有水蒸气。向瓶内打气（图 7—3—2），当瓶塞跳出时，观察玻璃瓶内的变化并说明原因。

科学漫步

永动机不能实现

永动机的想法起源于印度。公元1200年前后，这种思想逐渐从印度传到了西方。在欧洲，早期最著名的一个永动机设计方案是13世纪时由一个叫亨内考的法国人提出来的。如图所示：轮子中央有一个转动轴，轮子边缘安装着12个可活动的短杆，每个短杆的一端装有一个铁球。方案的设计者认为，右边的球比左边的球离轴远些，因此，右边的球产生的转动力矩要比左边的球产生的转动力矩大。这样轮子就会永无休止地沿着箭头所指的方向转动下去，并且带动机器转动。这个设计被不少人以不同的形式复制出来，但从未实现不停息的转动。仔细分析一下就会发现，虽然右边每个球产生的力矩大，但是球的个数少，左边每个球产生的力矩虽小，但是球的个数多。于是，轮子不会持续转动下去而对外做功，只会摆动几下便停下来。

文艺复兴时期，意大利的达·芬奇也造了一个类似的装置。他设计时认为，右边的重球比左边的重球离轮心更远些，在两边不均衡的作用下会使轮子沿箭头方向转动不息，但实验结果却是

否定的。

达·芬奇敏锐地由此得出结论：永动机是不可能实现的。事实上，由杠杆平衡原理可知，上面两个设计中，右边每个重物施加于轮子的旋转作用虽然较大，但是重物的个数却较少。精确的计算可以证明，总会有一个适当的位置，使左右两侧重物施加于轮子的相反方向的旋转作用（力矩）大小恰好相等，互相抵消，使轮子达到平衡而静止下来。

第一类永动机所追求的是某物质循环一周回复到初始状态，不吸热而向外放热或做功，这种机器不需要外界提供能量，却可以源源不断地对外做功。第一类永动机各种设计方案的失败，制造永动机美好梦想的破灭，从反面给人类以启迪。一些科学家从这一否定的结论中开始思考，提出这样一个问题：永动机不可能制成，是不是说明自然界存在着一条法则，它使我们不可能无中生有地获得能量？也就是说自然界各种能量之间存在着一定的转化关系。这方面的思考正是能量转化和守恒原理建立的重要线索之一。

练习与巩固

1. 下列事件中，物体的内能怎样改变？

（1）壶里的水被加热而温度升高；

（2）一根烧红的铁棒逐渐冷却下来。

2. 用活塞压缩汽缸里的空气，对空气做功 800 J，同时汽缸向外散热 120 J，汽缸里的空气内能改变了多少？

§7.4　固体　液体

一、晶体　非晶体

固体可分为晶体和非晶体两类。常见的固态物质中，石英、云母、食盐、糖、味精等都是晶体，玻璃、松香、橡胶、沥青等都是非晶体。

晶体具有规则的几何形状。如图 7—4—1 所示，食盐晶体为立方体，石英晶体中部呈六棱柱，两头呈六棱锥，明矾晶体为正八面体。

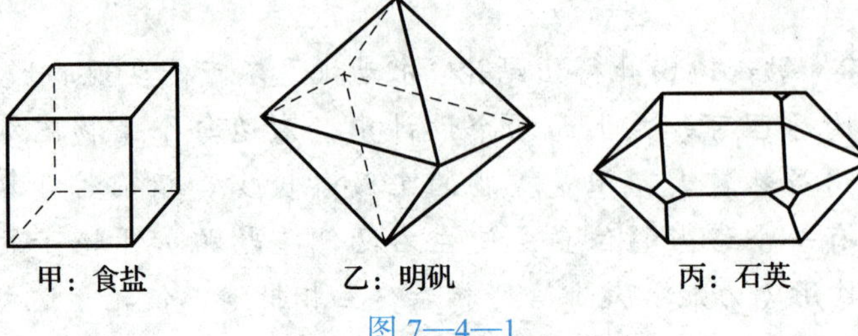

图 7—4—1

冬季的雪花是水蒸气在空气中凝固时所形成的冰晶体，一般呈六角形。非晶体没有天然而规则的几何形状。

在物理性质方面，晶体和非晶体有所不同。

想一想

关于晶体和非晶体的熔点，初中已经学过，你能说出它们的区别吗？

实　验

取一张云母片，在上面涂一层很薄的石蜡，然后用烧红的钢针去接触云母片，观察接触点周围石蜡熔化后所形成的形状。然后将云母片换成玻璃，做同样的实验。

实验结果显示，熔化了的石蜡在云母片上呈椭圆形（图 7—4—2），而在玻璃上呈圆形（图 7—4—3）。

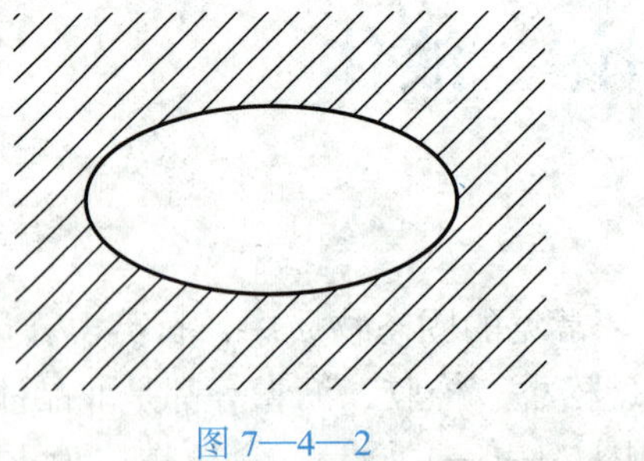
图 7—4—2

图 7—4—3

晶体除了导热性能与方向有关外，机械强度、导电性能、光学性能等其他方面也与方向有关。

上述实验现象表明，云母在不同方向上的导热性能各不相同，而玻璃在不同方向上的导热性能相同。

应当明确地认识到，晶体的一些物理性质表现为各向异性，而非晶体的物理性质表现为各向同性。

物理学中，把物理性质与方向有关的特性叫作各向异性，而把物理性质与方向无关的特性叫作各向同性。

想一想

高档钟表的轴承常采用红宝石晶体来制作。你知道其中的原因吗？

知识窗

晶体的内部构造

在各种晶体中，原子（或分子、离子）都是按照各自的规则排列的，具有空间上的周期性。图 7—4—4 所示为食盐晶体中氯离子和钠离子分布的示意图。

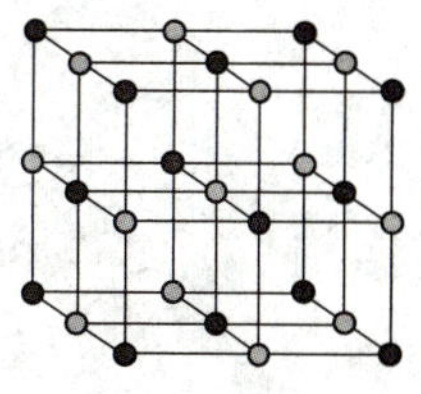

图 7—4—4

有的物质在不同的条件下会生成不同的晶体。那是因为组成它们的微粒能够按照不同规则在空间分布。例如，碳原子如果按图 7—4—5 那样排列，就成为石墨，而如果按图 7—4—6 那样排列，就成为金刚石。石墨是层状结构，层与层之间距离较大，原子间的作用力比较弱，所以石墨质地松软，可以用来制作粉状润滑剂；金刚石中碳原子间的作用力很强，所以金刚石有很大的硬度，可以用来切割玻璃。

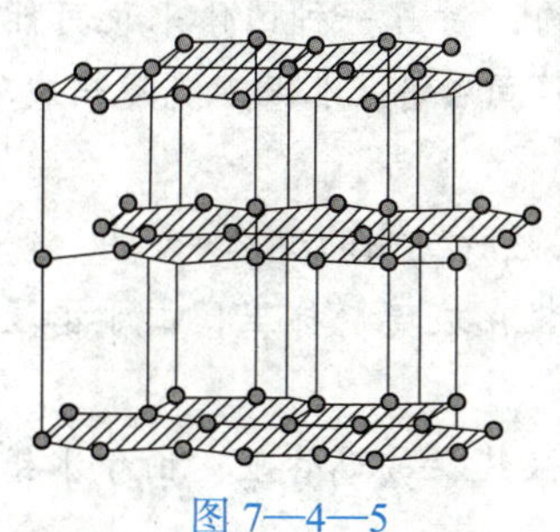

图 7—4—5

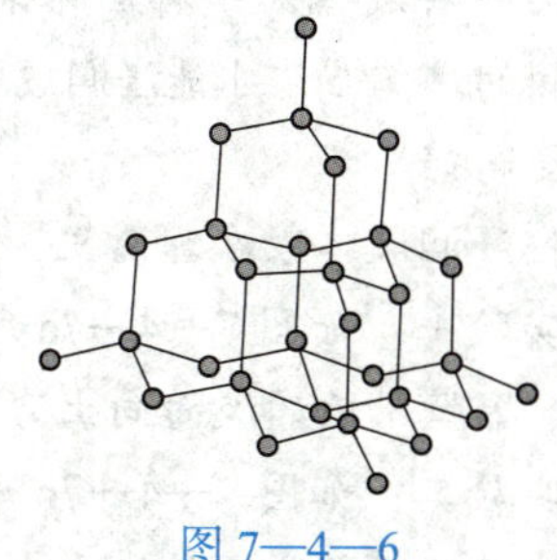

图 7—4—6

二、单晶体　多晶体

晶体可分为单晶体和多晶体两种。如果整个物体就是一个晶体的话，就叫作**单晶体**，如食盐小颗粒、天然水晶等。通常所说的晶体一般是指单晶体。单晶体是科学技术中的重要原材料，如制造晶体管所使用的单晶硅或单晶锗。

如果整个物体是由许多杂乱无章排列着的小晶体组成的，这样的物体叫作**多晶体**，如常见的金属、许多小颗粒粘在一起的食盐块等。

与非晶体一样，多晶体不显示各向异性，但与晶体一样，有确定的熔点。

三、液体

液体不像固体那样具有一定的形状，而且液体能够流动。这说明液体分子间的相互作用力要比固体分子间的作用力小。由于液体分子的移动比固体分子的移动更容易，所以在温度相同的情况下，液体的扩散速度要比固体的扩散速度快。

知识窗

液体浸润与毛细现象

我们把一块洁净的玻璃片浸入水中后取出，玻璃表面就会沾上一层水。这种液体附着在固体表面上的现象叫作浸润。显然，对玻璃来说，水是浸润液体。

某一种液体对一种固体来说是浸润的，对另一种固体来说可能是不浸润的。例如，水能浸润玻璃，但不能浸润石蜡；水银不能浸润玻璃，但能浸润锌。

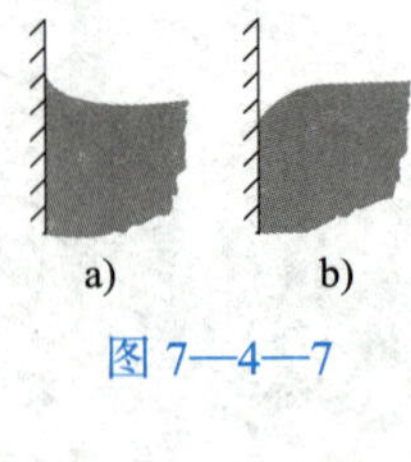

图 7—4—7

把浸润液体装在容器里，通过实验观察所发生的现象。

实验一：如图 7—4—7a 所示，把水装在玻璃烧杯里，由于水浸润玻璃，器壁附近的液面向上弯曲。

实验二：如图 7—4—7b 所示，把水银装在玻璃管里，由于水银不浸润玻璃，器壁附近的液面向下弯曲。

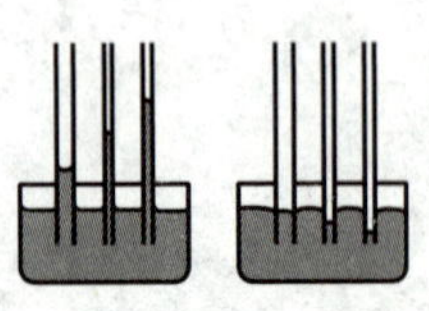
图 7—4—8

物理学中，将由于液体浸润或者不浸润，使得液体在细管中升高或降低的现象叫作毛细现象（图 7—4—8）。

自然界中，植物通过茎内的细小导管能把土壤里的水分吸上来。

生活中，砖块吸水、毛巾吸汗、粉笔吸墨水等也都是常见的毛细现象。

有些毛细现象是有害的。例如，房屋的地基中有许多毛细管，它们会把土壤中的水分吸上来，使得室内潮湿。为了防潮，修建房屋时就得在地基上面铺油毡。

四、液晶

一些有机化合物在一定温度下呈现出介于固体和液体之间的中间状态。这种状态下的物质，一方面像液体，具有流动性；另一方面又像晶体，分子在特定方向排列整齐，显示各向异性。人们把这种物质的状态叫作液晶态，把处于这种状态下的物质叫作**液晶**。

图 7—4—9 所示为固态、液晶态、液态的分子排列示意图。

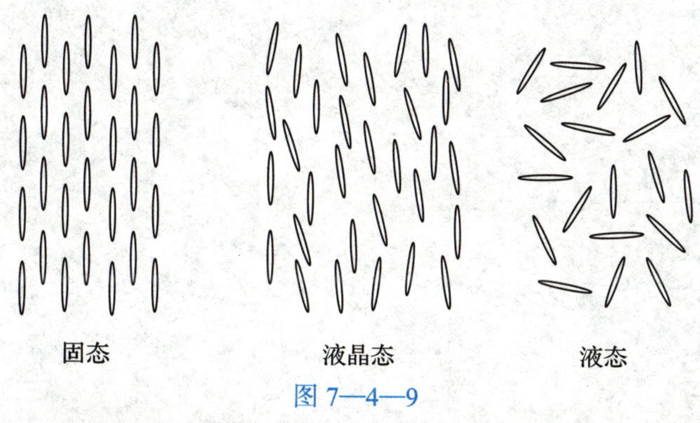

图 7—4—9

液晶分子的排列是不稳定的，当外界电场、磁场、温度、压力等发生变化时，液晶分子的排列也会发生变化，从而改变液晶的某些性质。

有一种液晶对电压很敏感。在很小的电压下，会由透明状态变为混浊状态，去掉电压，又恢复透明。利用液晶的这一特性，可制作显示元件。常见的电子手表、电子计算器、计算机、电视机等设备的显示屏都采用了这一液晶显示技术。

有一种液晶对温度很敏感。当温度升高时，颜色会按红、橙、黄、绿、蓝、靛、紫的顺序改变；当温度降低时，又按相反顺序改变颜色。这种液晶在生活中可用于指示温度，在医学上可用于医疗诊断，在工业上可用于检查印制电路板上的短路点等。

液晶是在1888年被发现的，但长期没有受到人们的重视。自20世纪60年代开始，随着电子技术，尤其是显示技术的发展，液晶在电子、航空、生物、医学等领域获得了广泛的应用。可以预见，随着科学技术的发展，液晶理论和技术将有着更为广阔的前途。

第8章 电荷与电场

§8.1 揭开电的神秘面纱

一、从闪电开始认识电荷

实 验

起电机如图 8—1—1 所示，使两个小球保持适当的距离。摇动起电机手柄，观察所发生的现象。

实验表明，起电机的两个小球间发生了放电现象。从原理上看，它与自然界中发生的闪电现象是一样的。

现代科学研究告诉我们，闪电是一种普通的自然现象。大气中冷暖气流上下急剧翻滚、相互摩擦，云层就会积聚电荷。当电荷积聚到一定程度时，瞬间发生大规模的放电现象，就产生了闪电（图 8—1—2）。

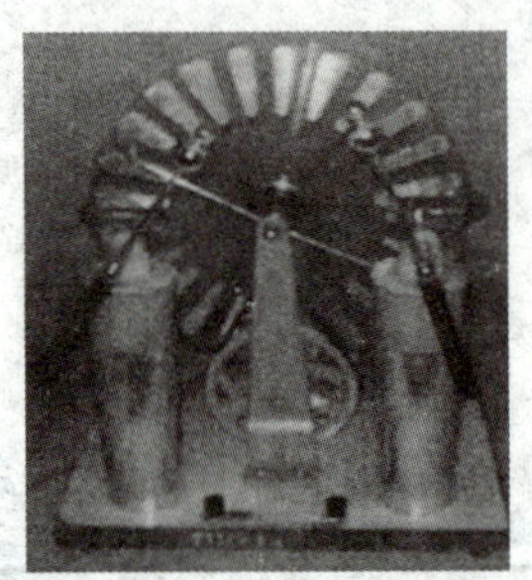

图 8—1—1

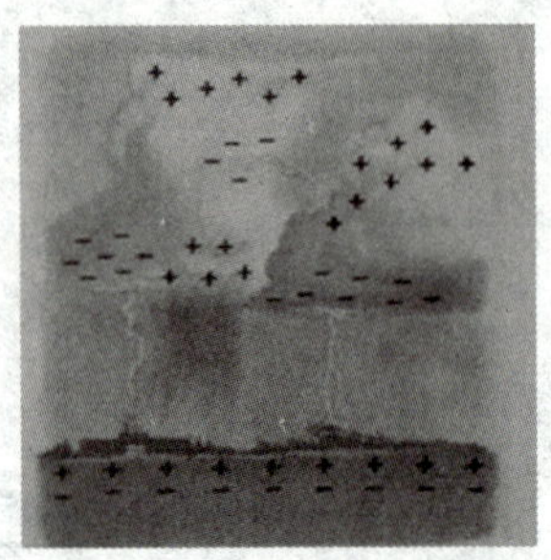

图 8—1—2

自然界中只存在两种电荷：正电荷和负电荷。我们把物体带有电荷的多少叫作**电荷量**，简称**电量**，用 Q 或 q 表示。通常，正电荷的电量用正数表示，负电荷的电量用负数表示。在国际单位制中，电荷量的单位是库仑，简称库，符号是 C。

知识窗

元 电 荷

物质的原子是由原子核和核外电子构成的。电子带负电，电量为 -1.6×10^{-19} C，原子核里的质子带正电，电量为 $+1.6\times10^{-19}$ C。可见，电子和质子电量大小均为 $e=1.6\times10^{-19}$ C。会不会有比 e 更小的电量呢？

实验表明，电量 e 是迄今为止能够观测到的最小电荷，所有带电体的电荷或者等于电量 e 或者是电量 e 的整数倍，因此，我们把电荷 e 称为元电荷。

二、怎样让物体带电

实 验

如图 8—1—3 所示，用塑料尺与衣服摩擦几下，然后靠近纸屑、羽毛等轻小物体，观察所发生的现象。再将塑料尺与验电器接触（图 8—1—4），观察所发生的现象。

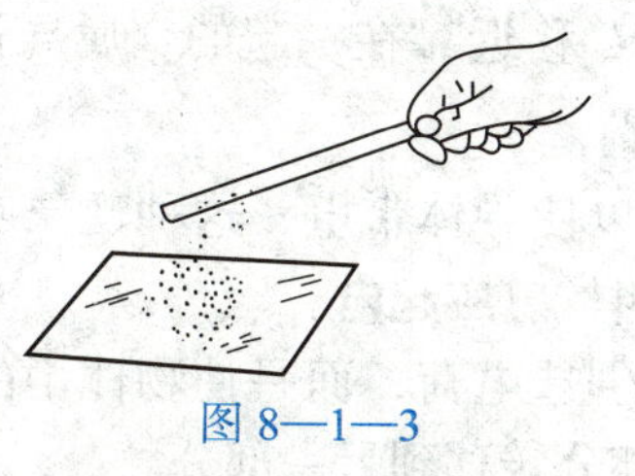
图 8—1—3

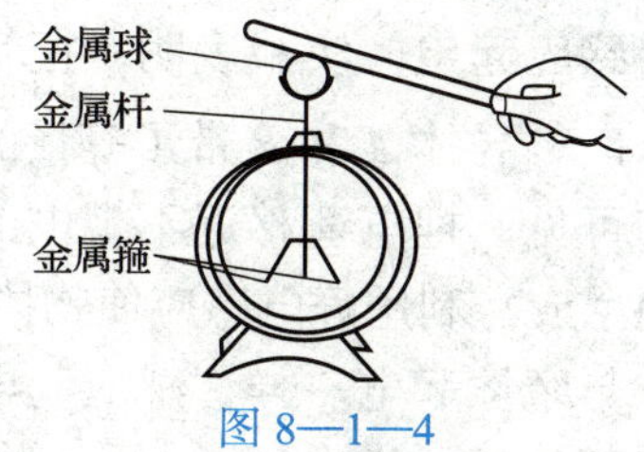

图 8—1—4

摩擦起电 实验表明，摩擦使尺子带了电。这种使物体带电的方法叫作**摩擦起电**。用丝绸摩擦过的玻璃棒带正电荷，用毛皮摩擦过的橡胶棒带负电荷。

通过相互摩擦，物体为什么会带电呢?

原来，在摩擦过程中，一个物体失去一些电子而带正电，另一个物体得到这些电子而带负电。摩擦起电不是创造了电荷，而是使物体中的正负电荷分开，并使带负电荷的电子从一个物体转移到另一个物体。

想一想

干燥的天气，我们走在路上，为什么裤子特别容易吸附灰尘?

实 验

取一对用绝缘支柱支撑的金属导体 A 和 B，使它们上部彼此接触。起初它们不带电，贴在它们下部的金属箔是闭合的。现在把带正电的球 C 移近导体 A，观察实验现象（图 8—1—5a）；如果先把 A 和 B 分开，然后移去 C，观察实验现象（图 8—1—5b）；如果再让 A 和 B 接触，观察实验现象。

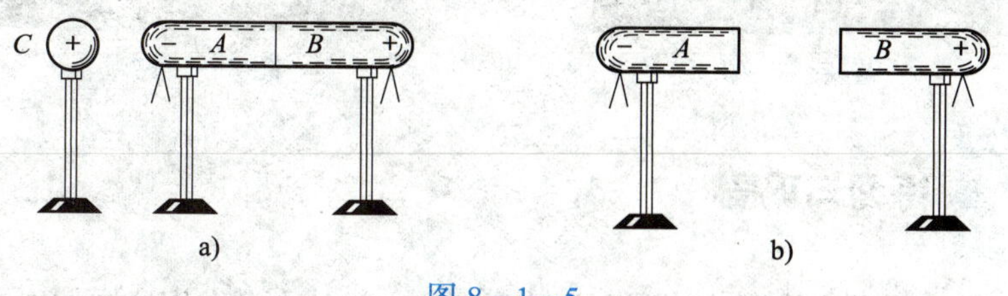

图 8—1—5

感应起电　实验表明，把带电的球 C 移近靠在一起的金属导体 A 和 B 时，导体 A 和 B 带了等量的异种电荷。

可见，把电荷移近不带电的导体可以使导体带电，这种现象叫作**静电感应**。利用静电感应使物体带电，叫作**感应起电**。

与摩擦起电一样，感应起电也不是创造电荷，而是使物体中的正负电荷分开，并使电荷从同一物体的一部分转移到另一部分。

三、电荷守恒定律

通过实验和分析，我们知道摩擦起电和感应起电的实质是：电荷在物体间发生了转移。

更广泛的事实说明，**电荷既不能创造，也不能消灭，只能从一个物体转移到另一个物体，或从同一物体的一部分转移到另一部分。在转移的过程中，电荷的总量不变**，这个结论叫作**电荷守恒定律**。它是物理学中最重要的守恒定律之一。

体验与探索

摩擦过的梳子能吸引轻小物体（图 8—1—6），还能吸引水流（图 8—1—7）。请同学们做一做这两个实验，并思考你在生活中还遇到过类似的现象吗?

图 8—1—6

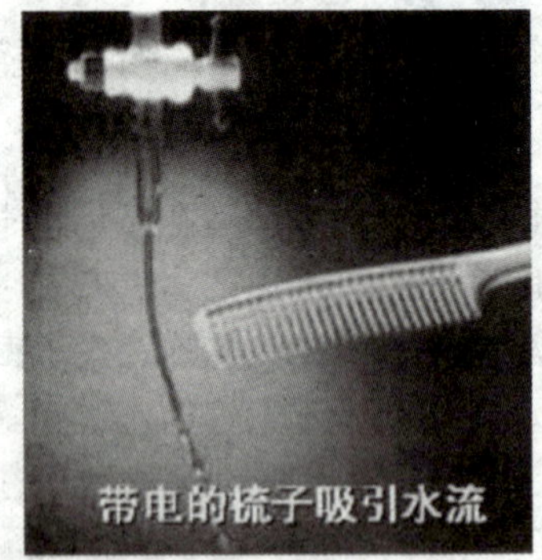

图 8—1—7

练习与巩固

1. 冬天脱毛衣时你能观察到什么现象？为什么会发生这样的现象?

2. 用毛皮摩擦过的橡胶棒吸引轻小纸屑后，纸屑又很快飞开，这是因为（　　）。

A. 纸屑不带电，所以不能被橡胶棒吸引而飞开

B. 纸屑质量太小，不能带电

C. 纸屑与橡胶棒接触后带正电荷，同种电荷相互排斥，所以飞开

D. 纸屑与橡胶棒接触后带负电荷，同种电荷相互排斥，所以飞开

3. 带电体接触验电器的金属球后，验电器的金属箔张开，这表明金属箔（　　）。

A. 得到电子　　B. 失去电子

C. 得到或失去电子　　D. 得到或失去质子

科学漫步

电荷是怎样储存的——神奇的莱顿瓶

1784 年一个晴朗的日子，在巴黎圣母院前的广场上有一场大型“魔术”表演，观众是法国王室成员和王公大臣们。

“魔术师”诺莱特调来 700 名修道士，让他们手拉手站成一排，全长 300 m，队伍十分壮观。在表演现场，装有水的大玻璃瓶内有一根金属引线通到外面，与一个迅速转动并受到摩擦的玻璃大圆盘相连。随着诺莱特一个手势，排在最前面的修道士用手握住了从瓶口引出的金属线。一瞬间，700 名修道士几乎同时惊叫着跳了起来，在场的人无不目瞪口呆。

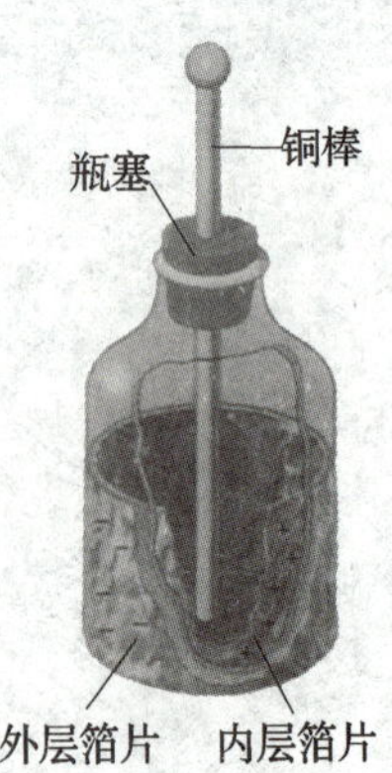

原来这是一场大规模的“电震实验”。玻璃大圆盘是起电机的一部分，而那个神奇的大玻璃瓶则是一个能将电荷储存起来的莱顿瓶。

从莱顿瓶开始，人们研制出了各种不同类型的储存电荷的装置——电容器。而电容器也成为电路中不可或缺的重要元器件之一。

§8.2 库仑定律

一、电荷间的相互作用

实 验

如图 8—2—1 所示，将起电机的一个放电球与验电羽连接，摇动起电机手柄，观察所发生的实验现象。

如果你能勇敢地代替验电羽，站在厚的橡胶垫上用一只手触摸工作中的起电机（图 8—2—2），看一看会发生什么现象。

我们在初中已经学过，同种电荷相互排斥，异种电荷相互吸引。

图 8—2—1

图 8—2—2

上述实验进一步表明，电荷间存在相互作用力。

二、库仑定律

电荷间有相互作用力，那么电荷之间的相互作用力与哪些因素有关呢？

人们发现，带电体之间的相互作用力不仅与带电体所带电量的多少有关，还与带电体的形状、大小和间距等诸多因素有关。但是，在有些情形下，带电体的形状和大小对相互作用力的影响可以忽略不计。于是，人们就把这时的带电体抽象为一个带电的几何点，并把它叫作**点电荷**。

与质点类似，点电荷也是一个理想模型。建立理想模型，是物理学中重要的研究方法之一。下面实验中的电荷就可视为点电荷。

实　验

把一个带正电的物体放在 A 处，然后把挂在丝线上的带正电的小球先后挂在 P_1、P_2、P_3 等位置（图 8—2—3），比较小球在不同位置所受力的大小。小球所受力的大小可以通过丝线偏离竖直方向的角度显示出来，偏角越大，表示小球受到的力越大。把小球挂在同一位置，增大或减小它所带的电量，比较小球所受力的大小的变化。

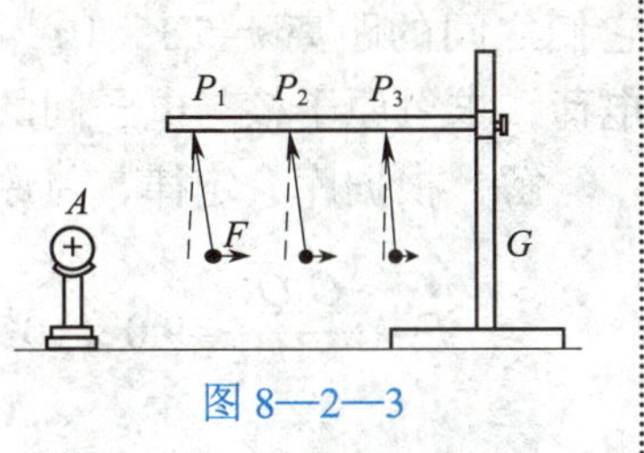

图 8—2—3

实验表明，电荷之间的相互作用力随着电荷量的增大而增大，随着距离的增大而减小。法国物理学家库仑用实验研究了电荷之间的相互作用力，于 1785 年发现了下述定律：

两个点电荷之间的相互作用力，与它们的电荷量的乘积成正比，与它们的距离的二次方成反比，作用力的方向在它们的连线上。这个规律叫作**库仑定律**，电荷间的这种相互作用力叫作**静电力**或**库仑力**。

库仑定律是在真空或近似真空（空气）的条件下得出的，在介质中，库仑力相对要小。

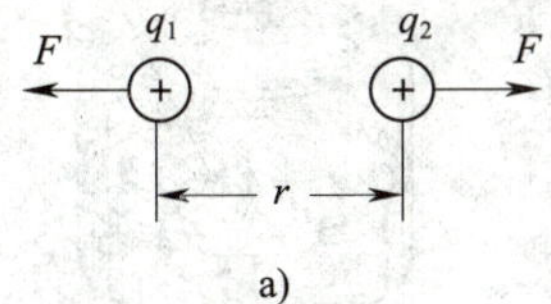

a)

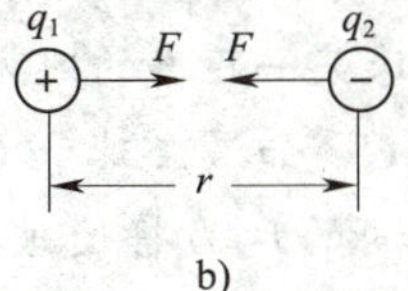

b)

图 8—2—4

a）同种电荷相互作用　b）异种电荷相互作用

如果用 Q_1 和 Q_2 表示两个点电荷的电量，用 r 表示它们之间的距离，用 F 表示它们之间的相互作用力（图 8—2—4），则有

$$F=k\frac{Q_1Q_2}{r^2}$$

在国际单位制中，电量 Q_1 和 Q_2 的单位为 C，距离 r 的单位为 m，力 F 的单位为 N。由实验测得 k 是一个常量，叫作**静电力常量**，$k=9.0\times10^9\ \text{N}\cdot\text{m}^2/\text{C}^2$。

应用库仑定律公式计算时，一般电量可取绝对值，库仑力 F 的方向可根据“同种电荷相互排斥，异种电荷相互吸引”的规律来判断。

例题　在氢原子中，原子核内只有一个质子，核外只有一个电子，它们之间的距离 $r=5.3\times10^{-11}$ m，约为本身半径的 10^5 倍，可以看成点电荷，求氢原子核与电子间的库仑力。

解　根据库仑定律，氢原子核与电子间的库仑力为引力，大小为

$$F=k\frac{Q_1Q_2}{r^2}=9.0\times10^9\times\frac{(1.6\times10^{-19})^2}{(5.3\times10^{-11})^2}\ \text{N}=8.2\times10^{-8}\ \text{N}$$

知识窗

库仑扭秤实验

我们知道，电荷间的库仑力非常小。对于微小库仑力的测量，身处 18 世纪的库仑，是通过什么办法来测量的呢？

下面我们来欣赏他的精妙设计——扭秤。

扭秤装置如图 8—2—5 所示。在细金属丝下面悬挂一根玻璃棒，棒的一端有一个金属小球 A，另一端有一个平衡小球 B，在离 A 球某一距离的地方放一个同样的金属小球 C。如果 A 球和 C 球带同种电荷，它们之间的斥力将使玻璃棒转过一个角度。向相反方向扭转旋钮 M，使玻璃棒回到原来的位置，并保持静止状态，这时金属丝弹力的力矩与静电斥力的力矩平衡。通过测量旋钮 M 转过的角度就可以计算出电荷间相互作用力的大小。

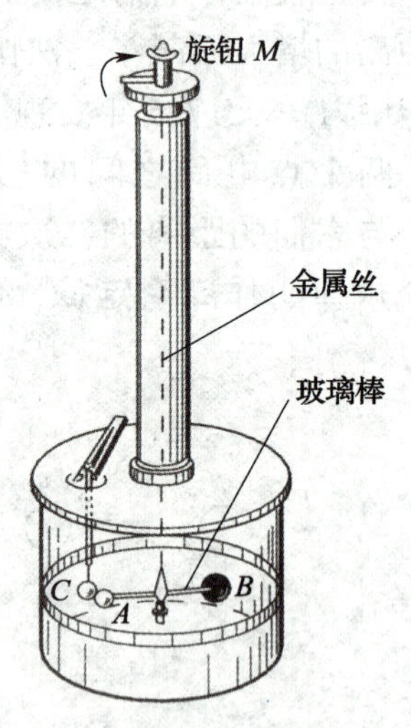

图 8—2—5

体验与探索

有两个完全相同的带绝缘手柄的金属小球，使它们带有相同的电量，分开一段距离，这时的静电力为 F。请同学们思考一下，要使它们之间的静电力变为原来的1/2或1/4，可采用哪些方法？

练习与巩固

1. 将两个完全相同的金属球接触一下后分开一段距离，发现两球之间相互排斥，则两球原来的带电情况不可能是（　　）。

A. 带有等量同种电荷　　B. 带有等量异种电荷

C. 带有不等量异种电荷　　D. 一个带电，另一个不带电

2. 两个点电荷相距20 cm，电量分别为 2.0×10^{-8} C和 -8.0×10^{-8} C，则它们之间的相互作用力有多大？是引力还是斥力？

§8.3　静电与生活

一、从闪电的功过说起

我们知道，闪电是一种常见的自然现象。可是，人们认识它却经历了漫长的过程。同学们，你对闪电的认识有多少呢？

科学研究表明，闪电（图8—3—1）就是天空中的带电云层之间或带电云层与地面之间发生的放电现象。由于云层的带电量极大，因此闪电释放的能量也十分巨大。

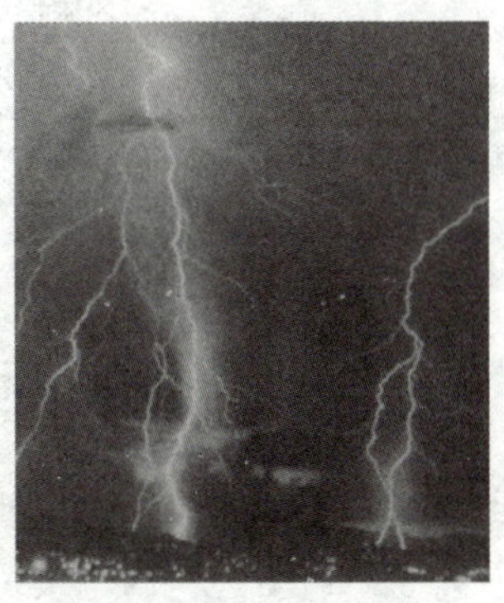

图8—3—1

知识窗

能量巨大的闪电

闪电时云层间（或云层与地面间）的电压可达 10^8 V，闪电的放电电流可达 10^5 A，闪电的功率可达 10^{10} kW。

当闪电通过一条狭窄的空气通道到达地面时，顷刻间能使空气通道的温度上升到 17 000 ~ 28 000℃，约等于太阳表面温度的 3 ~ 5 倍。

当地面物体遭遇雷击时，在极短的时间内，物体将受到巨大能量的轰击，从而导致森林起火、房屋倒塌、人畜伤亡等，造成重大损失。

不过，闪电也有它好的一面，这是因为闪电发生时，空气中的氮和氧直接化合，产生一氧化氮（NO），随着雨水的降落到达地面，形成硝酸盐。而它正是农作物生长需要的极好肥料——氮肥。

在人类进化史上，闪电的作用非同小可。人类最先获得的火种就可能来自闪电。或许，人类正是在闪电引发的森林大火中，尝到了香喷喷的动物熟食后，才告别茹毛饮血的生活，一步步地向前进化呢。

闪电的千秋功过，究竟应该怎样评说？请谈谈你的看法。

二、静电的应用

闪电是一种静电现象。今天，静电与我们的生活密切相关。在许多地方，它可以为人类服务。

利用静电能吸引轻小物体这一特点，人们开发了许多应用技术，如静电复印、静电喷漆、静电植绒、静电除尘（净化空气）等。

静电复印机 静电复印机的中心部件是硒鼓，其工作流程如图 8—3—2 所示。

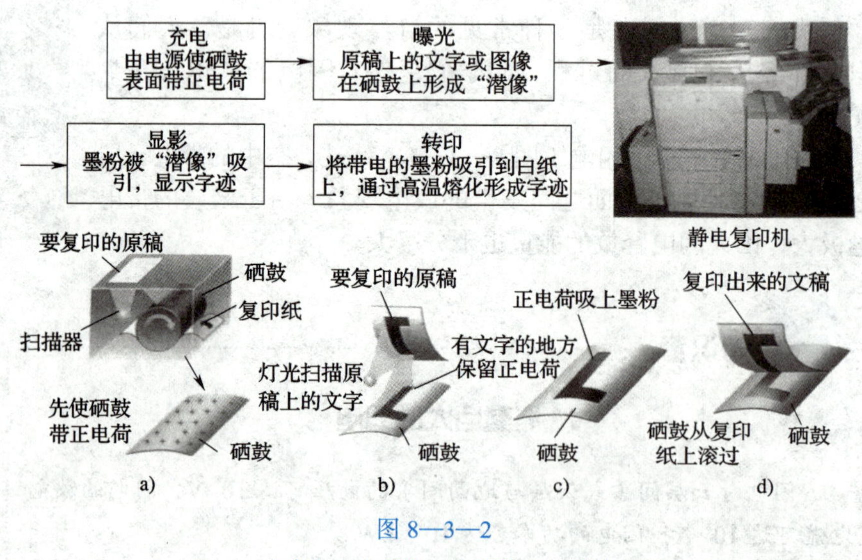

图 8—3—2

a）充电 b）曝光 c）显影 d）转印

用静电净化空气 图 8—3—3 所示为电子空气净化器工作原理示意图。电子空气净化器利用风扇将空气送入机内。空气流经正负电极时，首先经过带正电的网格，这时带负电的烟尘等微粒被吸附在其上。接着，空气又经过带负电的网格，这时带正电的烟尘等微粒被吸附在其上。最后，活性炭过滤器再将空气中的剩余尘粒过滤一遍，把洁净的空气送入室内。

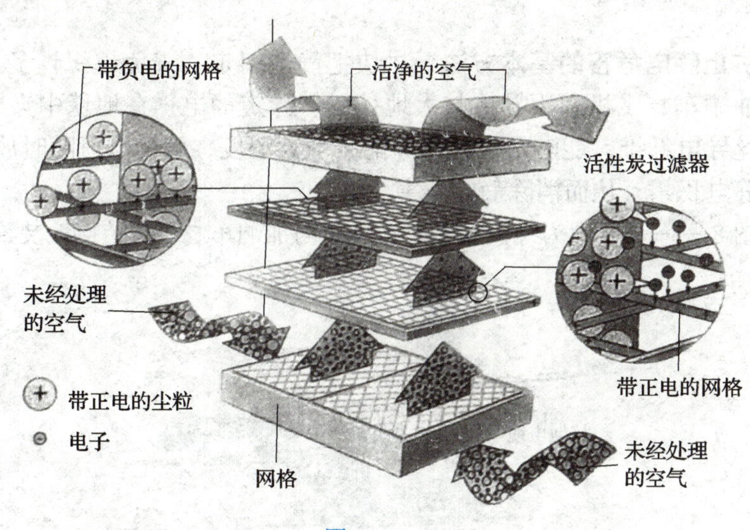

图 8—3—3

静电提高洒药效果 喷洒农药的飞机上安装有静电喷嘴。静电喷嘴内装有一根带正电的针，喷洒过程中农药水珠离开喷嘴时会带有大量正电荷。由于与大地相连的农作物的叶子一般都带负电，带正电的农药水珠喷洒到农作物上时，就被吸附在叶子上，不会被风吹走，从而增强洒药效果，如图 8—3—4 所示。

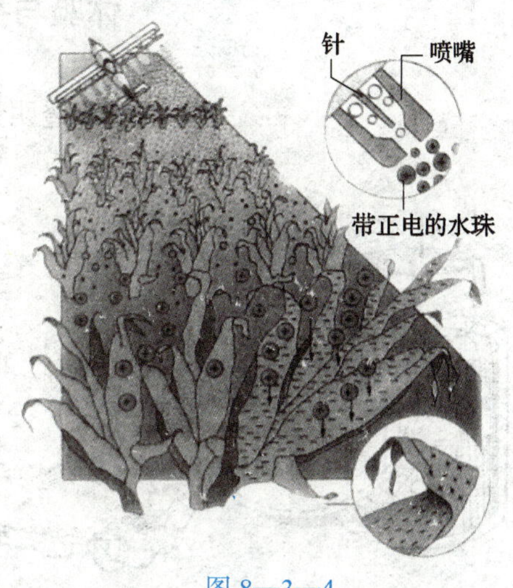

图 8—3—4

三、静电的防止

静电的危害 静电在有些场合也会给人们的生产和生活带来麻烦，甚至造成危害。

运输燃油的专用汽车在装油和运输过程中，燃油与油罐摩擦、撞击而带静电，如果不及时泄放，电荷积累到一定程度，会产生火花而引起爆炸。

在空中飞行的飞机，与空气摩擦而带的电荷

如果在着陆过程中没有及时泄放，当地勤人员接近机身时，人与飞机之间可能产生火花放电，甚至将人击倒。

在印染厂里，棉纱、毛线、人造纤维上的静电，会吸引空气中的尘埃，使印染质量下降。

在地毯上行走的人，与地毯摩擦而带静电，如果电荷足够多，当他（她）伸手拉金属门把手时，手与金属门把手之间会产生火花放电。

防止静电危害的基本方法　尽快把静电引走，避免越积越多。例如，油罐车、飞机利用导体与大地接触，导走静电；在地毯中夹杂不锈钢丝导电纤维，能够及时消除静电；增大湿度，可使电荷随时放出，避免静电积累，从而消除静电危害。

图 8—3—5 所示为飞机加油时，飞机与加油车之间安装接地装置。

图 8—3—5

体验与探索

找一个带透明有机玻璃盖的广口瓶，紧贴瓶的内壁放一个用铁皮卷成的圆筒。瓶盖中心插入一根下端焊有金属球的铜丝（图 8—3—6），铜丝和铁皮分别接静电起电机的负极和正极。准备好以后，点燃一张纸，把瓶子倒扣在纸上，等里面充满灰蒙蒙的烟雾后盖好盖子放正。起电机开动以后，瓶内的浓烟立刻急剧地翻腾起来。只一会儿工夫，烟消了，雾散了，玻璃瓶内又变得清澈透明了。再看看铁皮，上面挂了薄薄一层脏东西。请同学们思考一下，这是什么原因？

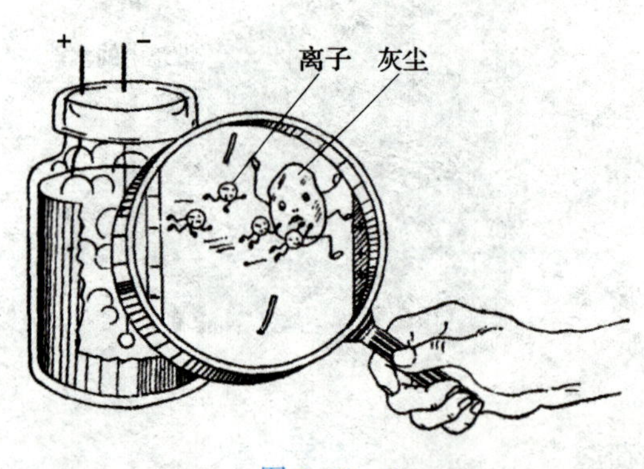

图 8—3—6

练习与巩固

请同学们列举出几个生活中有关静电的事例，并说明静电产生的原因。如果它危害人类的生产和生活，请找出解决的办法。

科学漫步

人体与静电

地球周围的空间就有一个巨大的电场，地球上空的电离层相对于地面平均有 3×10^5 V 的电势差。地面附近的电场强度全球平均值约为 130 V/m。实际上，人们生活在一个静电的世界里。人们平常呼吸的空气，平均每立方厘米中含有 100 ~ 500 个带电粒子——离子。人类早就发现，瀑布、喷泉和海边的空气对人的健康有益，使人神清气爽，心情愉快。原来，这些地方空气中的负离子浓度比一般地方高得多。

人体本身就是一个奇妙的静电世界，每一个细胞都是一个微型电池，细胞膜内外有 70 ~ 80 mV 的电势差。由于细胞膜非常薄，通过这层膜的电场强度高达 10 000 V/m，这是任何人造电池望尘莫及的。正是靠细胞膜内外的电势差，人们的神经系统才能快速准确地把视觉、听觉、味觉和触觉传递给大脑，并把大脑的命令下达给全身，使人体成为一个高度统一的整体。

人体含有多种电解质，如各种无机盐等。这些盐类在水溶液中离解为正、负离子，使人体成为电的导体。人体心脏跳动时所产生的生物电，随着时间和空间而变化。这些变化可传到体表，用置于体表的电极可以探测到各点的电势或电势差随时间的变化，并在纸带上将它记录下来，就得到了心电图，据此可以诊断心脏疾病。大脑的外层皮质也具有类似的电势变化，用类似的方法可以得到脑电图，用于诊断神经方面的疾病。

§8.4 电　场

一、电场与电场力

想一想

初中我们学过，磁针和磁体之间不接触也会有力的作用，这是因为磁体周围存在一种看不见、摸不着的物质。这种物质叫作磁场，它能使磁针因受力而偏转。电荷与电荷之间产生相互作用时要接触吗？它们之间的相互作用是否也是通过一种特殊物质来进行的呢？

什么是电场　英国科学家法拉第首先发现，电荷周围存在一种叫作**电场**的特殊物质。电荷间的相互作用，就是借助它们自己的电场施加给对方的。

例如，电荷 A 和 B 的相互作用是通过电场发生的：电荷 A 对电荷 B 的作用，实际上是电荷 A 的电场对电荷 B 的作用；电荷 B 对电荷 A 的作用，实际上是电荷 B 的电场对电荷 A 的作用。图 8—4—1 所示为这种关系。

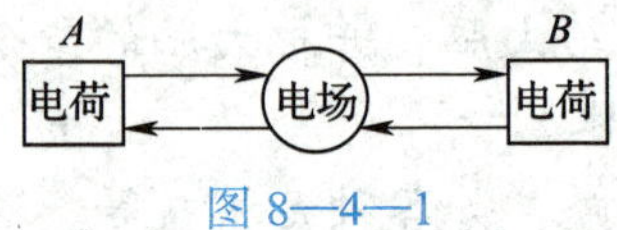

图 8—4—1

电场对电荷有力的作用　正像放入磁场中的磁体一定会受到磁场作用一样，放入电场中的电荷会受到电场对它的力的作用，这种作用力叫作**电场力**。电场对处在其中的电荷有力的作用，这是电场的基本性质。

二、电场强度

电场看不见、摸不着，但它通过对电荷的作用，表现了它的客观存在。因此，我们对电场的研究可以从电场对电荷的作用力入手。

假设在某电场中放入电荷，这个电荷的体积和电量都充分的小，放入之后不会影响原来要研究的电场，这样的电荷叫作**检验电荷**。

实　验

在点电荷Q的周围A、B两点放入同一个检验电荷q（图8—4—2），经测定，q在A、B两点受到的电场力不同，在距Q近的A点受到的电场力大，在距Q远的B点受到的电场力小。这表明电场中不同的点，电场的强弱程度不同。

另外，在电场中同一点（A或B）放入不同的检验电荷，经测定，它们受到的电场力不同。

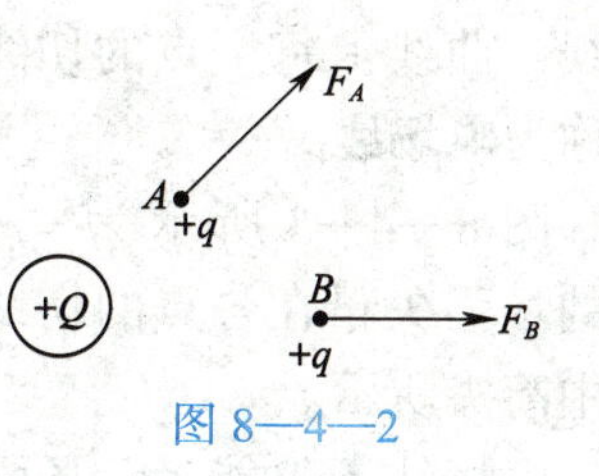

图8—4—2

通过研究发现，虽然不同的检验电荷在电场中同一点所受到的电场力F各不相同，但是对于电场中的任一确定点，检验电荷所受到的电场力与它的电荷量的比值是一恒量。在比值大的点，检验电荷所受到的电场力F大，说明电场强；在比值小的点，检验电荷所受到的电场力F小，说明电场弱。我们就用这个比值来表示电场的强弱。

在物理学中，常常用比值定义一个物理量，用来表示研究对象的某种性质。这是物理学的基本研究方法之一。

放入电场中某点的电荷所受到的电场力F与它的电荷量q的比值，叫作该点的**电场强度**，简称**场强**，用E表示，即

$$E=\frac{F}{q}$$

如果有多个电荷同时存在，这时的场强就用各电荷产生的场强矢量合成来计算。

在国际单位制中，电场强度的单位是牛/库，符号是N/C。如果1 C的电荷在电场中某点受到的电场力是1 N，则该点的场强是1 N/C。

电场强度是矢量。物理学规定**正电荷在电场中某点所受电场力的方向**为该点**电场强度方向**。

例题　在电场中某点放入电荷量为8.0×10^{-10} C的检验电荷，受到的电场力为4.0×10^{-5} N，这一点的电场强度是多少？如果将电荷量为6.4×10^{-10} C的检验电荷放在该点，受到的电场力是多少？

解　由电场强度的定义得

$$E=\frac{F_1}{q_1}=\frac{4.0\times10^{-5}}{8.0\times10^{-10}}\ \text{N/C}=5.0\times10^{4}\ \text{N/C}$$

在该点放入新电荷，受到的电场力为

$$F_2=q_2E=6.4\times10^{-10}\times5.0\times10^{4}\ \text{N}=3.2\times10^{-5}\ \text{N}$$

三、电场线

什么是电场线 电场中任一点的场强大小和方向，都可以通过检验电荷来测定，但是一个检验电荷只能测定一个点的电场。为了形象地描述电场中各点场强的大小和方向，可以在电场中引入一些假想的曲线，曲线上每个点的切线方向都和该点的场强方向一致，这样的曲线称为**电场线**。

图 8—4—3 所示为一条电场线，A、B 点的场强矢量在各点的切线上，方向分别如图中箭头所示。

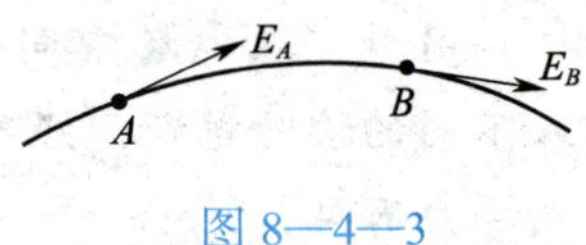

图 8—4—3

电场线不仅能表示场强方向，还能表示场强的大小。电场线密的地方，表示场强大；电场线疏的地方，表示场强小。

常见的电场线 常见的电场线如图 8—4—4 至图 8—4—7 所示。

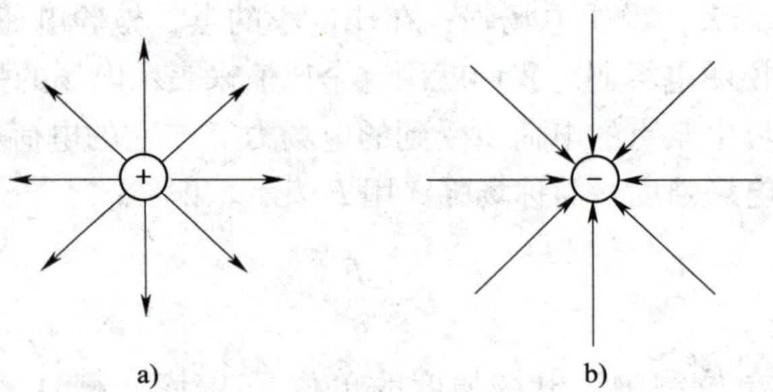

图 8—4—4

a）正电荷 b）负电荷

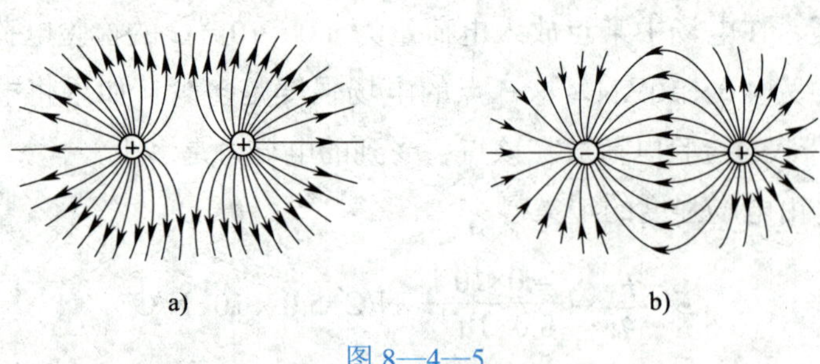

图 8—4—5

a）同种电荷 b）异种电荷

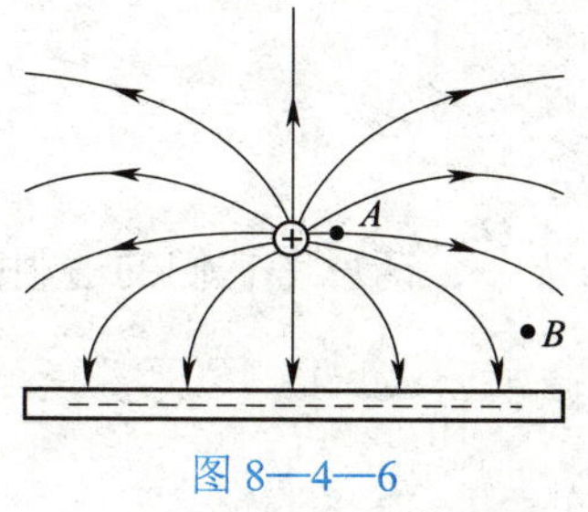

图 8—4—6

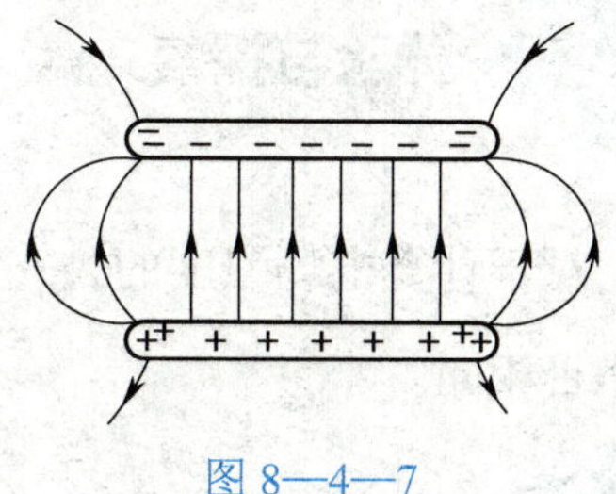
图 8—4—7

想一想

上述电场线中，哪些地方电场强度大？哪些地方电场强度小？有没有电场强度相同的地方呢？请同学们仔细观察和分析。

四、匀强电场

观察图 8—4—7 所示电场线可以发现，除平行板边缘附近外，两块带电平行板间其他地方的场强大小和方向都相同，这样的电场就叫作**匀强电场**。匀强电场的电场线是一组间隔相等、相互平行的直线。

在匀强电场中，电荷 q 所受的电场力处处相等，大小用公式 $F=qE$ 计算。

例题 设平行板间匀强电场的场强 $E=4.9\times10^5$ N/C（图 8—4—8），一质量 $m=1.6\times10^{-10}$ kg 的带电油滴在电场中能保持静止状态。问：

（1）小油滴带何种电荷？

（2）小油滴带多少电荷？

（3）平行板的上、下极板各带何种电荷？

解 （1）小油滴受到重力 G，它能在匀强电场中静止，说明它处于平衡状态，因此小油滴所受电场力的方向向上。又因为匀强电场的场强方向向下，所以小油滴应带负电荷。

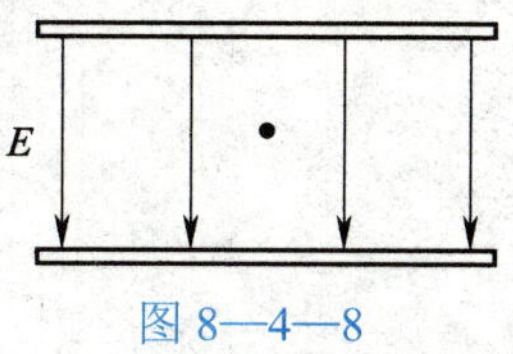

图 8—4—8

（2）由二力平衡条件有

$$F=G \quad 即 \quad Eq=mg$$

所以
$$q=\frac{mg}{E}=\frac{1.6\times10^{-10}\times9.8}{4.9\times10^5}\text{ C}=3.2\times10^{-15}\text{ C}$$

（3）上、下极板分别带正、负电荷（由电场线方向判断）。

体验与探索

对于计算电场强度的公式 $E=\dfrac{F}{q}$ 及 $E=k\dfrac{Q}{r^2}$，请思考它们的适用范围是否相同。

练习与巩固

1. 右图所示为电场中的一条电场线，下列说法中正确的是（　　）。

A. 这个电场一定是匀强电场

B. A、B 两点的场强可能相同

C. A 点场强一定大于 B 点场强

D. A 点场强可能小于 B 点场强

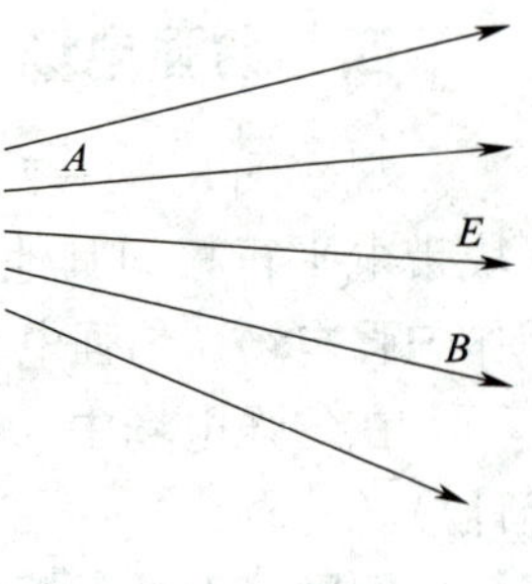

2. 在电场中某处放入电荷量为 4.0×10^{-9} C 的点电荷，它受到的电场力为 6.0×10^{-4} N，则该处的电场强度为__________。若该处的点电荷电量变为 2.0×10^{-9} C，则该处的电场强度为_______________，点电荷在该处所受电场力为__________________________。

第 9 章

恒定电流

§9.1 电流与电阻

一、电流是怎样形成的

什么是电流 自来水管中的水朝一个方向流动，形成水流（图 9—1—1）。与此类似，导体中的电荷朝一个方向移动就会形成“电荷流”，我们称它为**电流**。

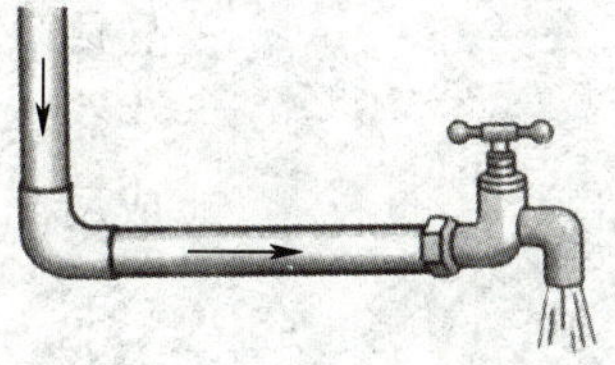

图 9—1—1

为了反映电流的强弱，物理学把**流过导体某一横截面的电荷量 Q 与所用时间 t 的比值 I 叫作电流**，即

$$I=\frac{Q}{t}$$

在国际单位制中，电流的单位是**安培**，简称**安**，符号是 A。电流常用单位还有毫安（mA）和微安（μA），$1\ \text{mA}=10^{-3}\ \text{A}$，$1\ \mu\text{A}=10^{-6}\ \text{A}$。

在不同导体中，形成电流的自由电荷是不相同的。金属导体中的自由电荷是自由电子。电解质溶液(酸、碱水溶液)中的自由电荷是正、负离子。

电流是有方向的，通常规定**正电荷定向移动的方向为电流方向**。

电流是怎样形成的 为简单起见，我们讨论金属导体中的电流。

一般情况下，金属导体中的自由电子在一刻不停地做无规则的热运动（图 9—1—2）。

想一想

自由电子的热运动能形成电流吗?

当金属导线与电源连接，构成闭合电路时，自由电子就会在电源产生的电场作用下发生定向移动，形成电流（图 9—1—3）。

可见，导体中**形成电流的条件**是：**给导体施加外电场**。**或者说，给导体两端施加电压**。

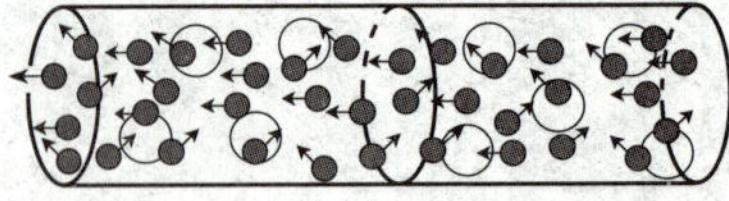

图 9—1—2

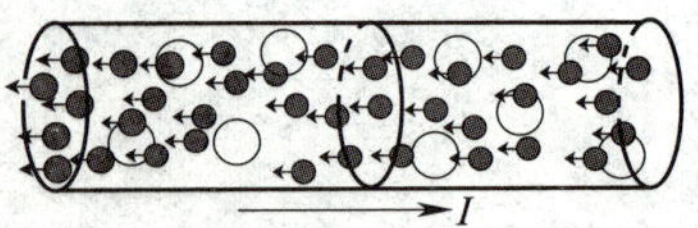

图 9—1—3

二、导体的电阻

电阻定律 我们在初中学过，导体的电阻是导体本身的一种性质。导体电阻的大小与导体的材料、长度和横截面积有关（表 9—1—1）。

实验表明，导体的电阻 R 与它的长度 l 成正比，与它的横截面积 S 成反比，这就是电阻定律。写成公式，则有

$$R=\rho\frac{l}{S}$$

式中，ρ 叫作**电阻率**，它与导体的材料有关（表 9—1—2），反映了材料导电性能的高低。R、l、S 的单位分别是 Ω、m、m^2，ρ 的单位是欧姆米，符号是 Ω · m。

电阻率 从常见材料的电阻率中可以看出，有些材料电阻率很小（$10^{-8}\sim10^{-6}$ Ω · m），适合做导体，如银、铜、铝等材料；有些材料电

表 9—1—1 影响电阻的因素

因素	电阻怎样改变	例子
长度	电阻随长度的增大而增大	L_1 L_2 $R_{L1}>R_{L2}$
横截面面积	电阻随横截面面积的增大而减小	A_1 A_2 $R_{A1}>R_{A2}$
温度	电阻随温度的升高而增大	T_1 T_2 $R_{T1}>R_{T2}$
材料	长度、横截面积以及温度保持不变时，电阻随所用的材料而改变	R增加 铂 铁 铝 金 铜 银

阻率很大（大于 $10^5\ \Omega\cdot\mathrm{m}$），适合做绝缘体，如硬质陶瓷、导线的绝缘胶皮、开关盒等；还有一些材料的电阻率介于导体和绝缘体之间，我们称为半导体。另外，各种导体材料的电阻率随温度而变化。金属的电阻率随温度的升高而增大。

表 9—1—2 20℃时几种常见材料的电阻率 Ω·m

材料种类	电阻率
银	1.6×10^{-8}
铜	1.7×10^{-8}
铝	2.9×10^{-8}
钨	5.3×10^{-8}
铁	1.0×10^{-7}
锰铜合金	4.4×10^{-7}
镍铜合金	5.0×10^{-7}
镍铬合金	1.0×10^{-6}
碳	3.5×10^{-5}
硬质陶瓷	$10^{12}\sim10^{13}$
橡胶	$10^{13}\sim10^{16}$

半导体　半导体材料的电阻率随温度的升高而减小，锗、硅、砷化镓等都是半导体材料。半导体的导电性能可以由外界条件来控制，如改变半导体的温度，使半导体受到光照，在半导体中加入其他微量杂质等。上述方式可以使半导体的导电性能成千上万倍地发生变化。

利用半导体的这种特性，可制成热敏电阻、光敏电阻、压敏电阻、晶体管等各种电子元件，并且发展成为集成电路、超大规模集成电路。集成电路的制成，电子技术的发展，使计算机得以更新换代。半导体在现代科学技术中发挥了重要作用。

例题　一根铜导线长 300 m，横截面积是 12.75 mm^2，这段铜导线的电阻有多大？如果这段铜导线的电阻控制在 0.10 Ω 以内，那么导线的横截面积至少应为多少？

铜导线的长度、横截面积已知，再查得铜的电阻率并代入电阻定律公式，就可以求出导线的电阻。

解　由题目条件知 l=300 m，S=12.75 mm^2=12.75 × 10^{-6} m^2。

查得铜的电阻率 $\rho=1.7\times10^{-8}\ \Omega\cdot m$

根据电阻定律公式得

$$R=\rho\frac{l}{S}=1.7\times10^{-8}\times\frac{300}{12.75\times10^{-6}}\ \Omega=0.40\ \Omega$$

若将导线电阻控制在 R'=0.10 Ω 以内，在导线长度不变时，需要改变其横截面积。设改变后的横截面积为 S'，此时电阻为 R'。当 R'=0.10 Ω 时，由

$$\frac{R}{R'}=\frac{S'}{S}$$

得
$$S'=\frac{R}{R'}S=\frac{0.40}{0.10}\times12.75\ mm^2=51\ mm^2$$

即横截面积至少为 51 mm^2，才能使电阻控制在 0.10 Ω 以内。

三、部分电路欧姆定律

欧姆

部分电路欧姆定律　德国物理学家欧姆在大量实验事实的基础上，于 1827 年得出结论：通过导体的电流与导体两端的电压成正比，与它的电阻成反比。表达式为

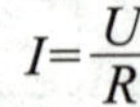

$$I=\frac{U}{R}$$

这就是**部分电路欧姆定律**。

伏安法测电阻 根据欧姆定律 $I=\dfrac{U}{R}$，用电压表测出电阻两端的电压，用电流表测出通过电阻的电流，即可求出电阻。这种测量方法叫做**伏安法**。

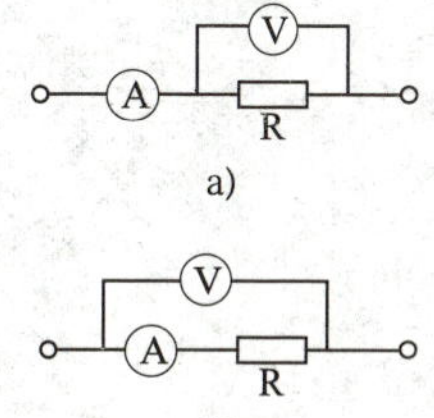

图 9—1—4

用伏安法测电阻有两种接法。图 9—1—4a 所示的接法为**外接法**，图 9—1—4b 所示的接法为**内接法**。

想一想

外接法和内接法分别会造成怎样的测量误差？大致说明这两种测量方法的适用情况。

体验与探索

取一段镀锌铁丝（直径约为 0.30 mm），绕成一个螺旋线管，与一个 3.8 V 的小灯泡串联后接到 3 ～ 4 节电池上，使小灯泡正常发光。用酒精灯给铁丝加热，一会儿工夫小灯泡由亮变暗，几乎熄灭。移开酒精灯，小灯泡又逐渐变亮了。请思考一下，这是什么原因？

练习与巩固

1. 有一根金属裸导线，如果把它均匀拉长到原来的两倍，电阻变成原来的______倍。然后给它施加相同的电压，通过的电流变成原来的______，在同一时间段内，通过它的电量变成原来的______。

2. 用伏安法测电阻，有____接法和____接法两种接法，请分别画出电路图。

科学漫步

超 导 体

超导现象是荷兰物理学家昂尼斯 1911 年测量汞在低温下导电情况时发现的。当温度低于 4.2 K 时，汞的电阻突然下降为零，这就是超导现象。

可登录超导国家重点实验室网站（http://nlsc.iphy.ac.cn）了解更多信息。

昂尼斯由于发现了物质的超导电性，因而获得1913年的诺贝尔物理学奖。从那时起，科学家便开始研究超导机理并寻找更高转变温度的超导材料。

1930年，人们发现银在9.2 K时可变为超导体。1973年，人们又发现铌三锗的转变温度是23.3 K。虽然已发现许多金属及其合金都具有超导现象，但直到20世纪80年代初，转变温度最高仅为23 K左右。产生这样的低温需要非常复杂的设备，所以在实用技术中应用超导现象很困难。到1992年，科学家已经研制出70多种超导氧化物，转变温度已达125 K左右。但对于实际应用来说，125 K的转变温度还是太低了。目前，各国科学家正在积极寻找常温下的超导体。

超导技术的应用非常广泛，在电子学方面最具应用前景。如存储量大、运算速度快的大型计算机，体积大，耗能多，且需要冷却系统，因此限制了它在实际中的应用。如用超导体来制作大型计算机的一些部件，则体积和能耗可大为减小，可使大型计算机与目前的个人计算机一样大小。

在电力工业中，超导技术的应用将会引起一场革命。用超导电缆输电，不但可以大大降低电能的损失，而且无须高压输电，用电更为安全，占用空间也非常小。

用超导材料制成的发电机和电动机的线圈，电流可以很大，可产生比常规磁体强几千倍的磁场。因此，同样功率的超导发电机和电动机的体积只有常规设备的几百分之一。

在铁路上运行的列车，可不用车轮，由超导线圈产生的强磁场会使列车悬浮在铁轨上（约10 mm），而列车与铁轨之间无摩擦、噪声小、速度快，可达550 km/h，与小型民航飞机的速度差不多。如果列车在真空的隧道中运行，速度可达1 600 km/h，比超音速飞机还要快。

§9.2　认识多用电表

一、多用电表的原理

多用电表的表头　多用电表（图9—2—1）一般可用于测量电压和电流等多个电学基本参量，其核心部件是表头G。而表头就是一个小量程的电流表，它主要由永磁铁和处于永磁铁磁场中的可以转动的线圈组成（图 9—2—2）。从电路角度看，表头就是一个电阻，特殊的地方在于通过它的电流的大小可以从刻度盘上读出来。

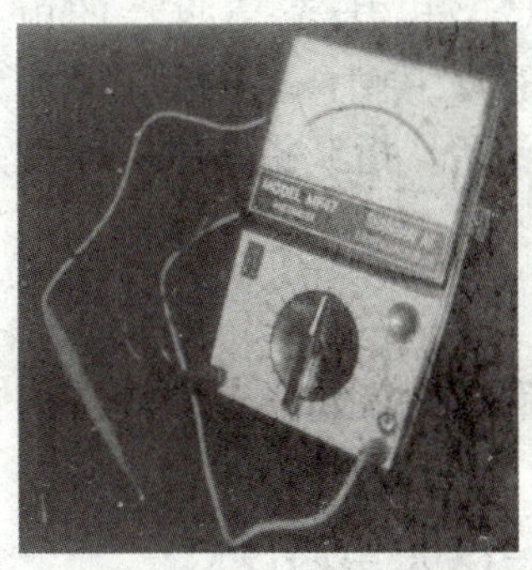
图 9—2—1

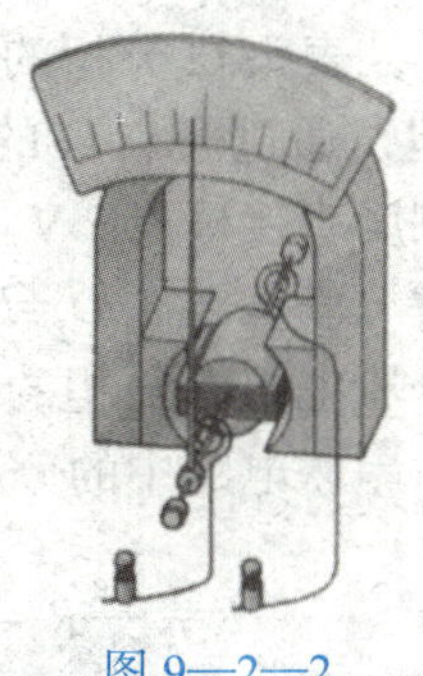
图 9—2—2

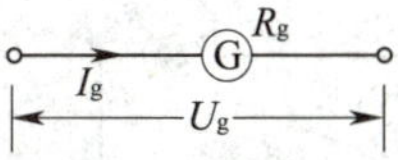

表头 G 的电阻 R_g 叫作**表头的内阻**。指针偏转到最大刻度时的电流 I_g 叫作**满偏电流**。表头 G 通过满偏电流时，加在它两端的电压 U_g 叫作**满偏电压**。在图 9—2—3 中，$U_g=I_gR_g$。

图 9—2—3

从表头到电压表　通常，电压表是利用表头改装而成的。由于表头 G 的满偏电压 U_g 和满偏电流 I_g 一般都比较小，所以能承受的电压也很小。面对需要测量的较大电压，应采取怎样的措施呢？

根据串联电路的分压原理，我们在表头上串联一个分压电阻，让这个电阻分担一部分电压。这样，表头和分压电阻就一起构成了一个能够测量较大电压的电压表了。

从表头到电流表　同样地，表头 G 能够直接测量的电流一般也很小（不超过毫安级）。为了扩大它的量程，可给表头并联一个阻值较小的分流电阻。这样，表头和分流电阻就一起构成了一个能够测量较大电流的电流表了。

想一想

电压表中的分压电阻有什么特点？电流表中的分流电阻有什么特点？试做比较。

二、表头应用的实例计算

例题 1　有一表头 G，内阻 $R_g = 1\ \text{k}\Omega$，满偏电流 $I_g = 100\ \mu\text{A}$，把它变成量程为 2 V 的电压表，要串联一个多大的电阻 R？改成电压表

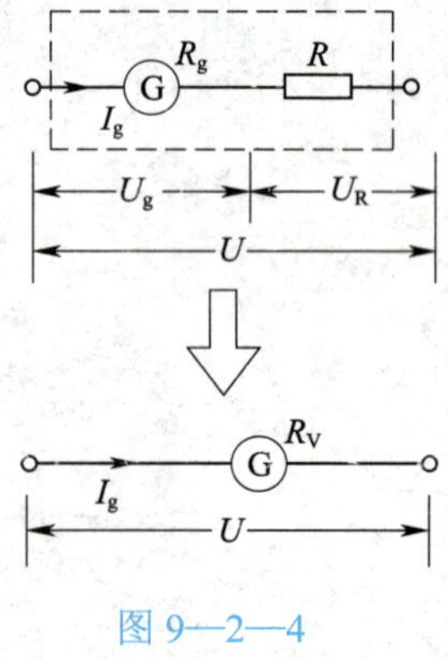

图 9—2—4

后的内阻 R_V 有多大？

分析 电压表 V 由表头 G 和电阻 R 组成，如图 9—2—4 中虚线框所示。所谓量程为 2 V，意思是当电压表 V 两端的电压 $U=2$ V 时，表头 G 分担的电压为满偏电压 U_g，剩余电压由串联的分压电阻分担，通过表头 G 的电流为满偏电流 I_g，指针指在最大刻度处，而最大刻度直接标以 2 V。

解 满偏电压 $U_g=I_gR_g=0.1$ V

分压电阻 R 分担的电压 $U_R=U-U_g=1.9$ V

由串联电路中的分压关系得

$$R=\frac{U_R}{U_g}R_g=\frac{1.9}{0.1}\times 1\,000\ \Omega=19\,000\ \Omega=19\ \text{k}\Omega$$

电压表 V 的内阻 $R_V=R_g+R=20$ kΩ

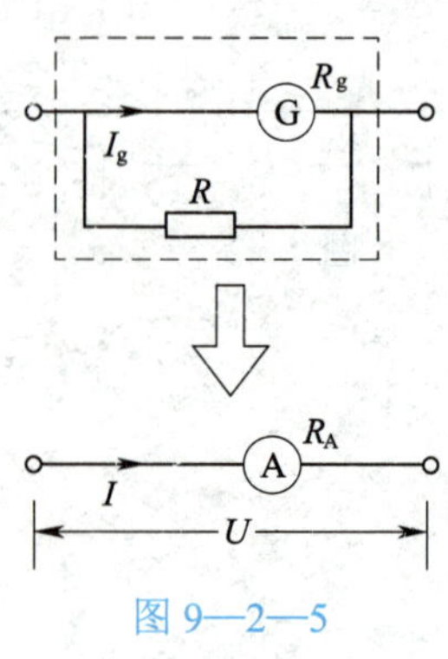

图 9—2—5

例题 2 将例题 1 中表头 G 变成量程为 1 A 的电流表，要并联一个多大的分流电阻 R？

分析 电流表 A 由表头 G 和电阻 R 组成，如图 9—2—5 中虚线框所示。所谓量程为 1 A，意思是通过电流表 A 的电流 $I=1$ A 时，通过表头 G 的电流为满偏电流 I_g，剩余电流通过并联的分流电阻，表头的最大刻度直接标以 1 A。

解 通过分流电阻 R 的电流 $I_R=I-I_g=0.999\,9$ A

由并联电路中的分流关系得

$$R=\frac{I_g}{I_R}R_g=\frac{0.000\,1}{0.999\,9}\times 1\,000\ \Omega=0.1\ \Omega$$

电流表 A 的内阻 R_A 等于 R_g 和 R 并联的总电阻，试算本题中电流表 A 的内阻的大小。计算结果说明了什么？

体验与探索

图 9—2—6 所示为一个多量程多用电表电路示意图，请仔细观察和分析，说出哪些位置是电流挡，哪些位置是电压挡，哪些位置的量程比较大，并说明理由。

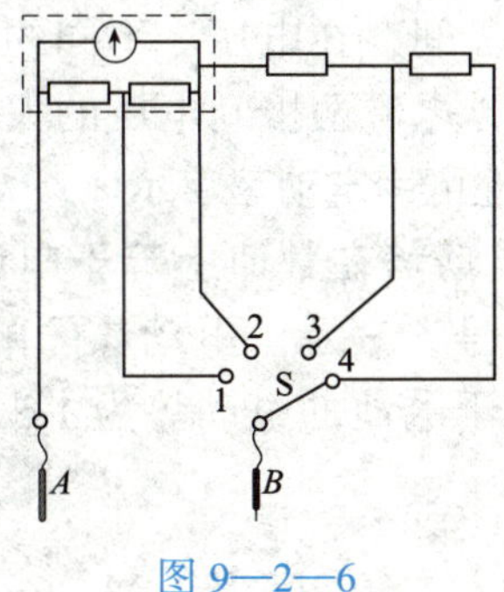

图 9—2—6

练习与巩固

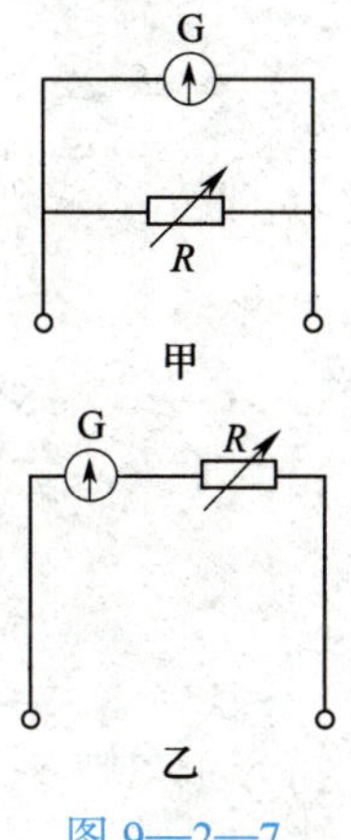

图 9—2—7

1. 如图 9—2—7 所示，甲、乙两个电路都是由一个灵敏的电流计 G 和一个变阻器 R 组成，其中一个是测电压的电压表，另一个是测电流的电流表。那么，以下结论中正确的是（　　）。

A. 甲表是电流表，R 增大时量程增大

B. 甲表是电流表，R 增大时量程减小

C. 乙表是电压表，R 增大时量程减小

D. 乙表是电压表，R 增大时量程增大

2. 电流表的内阻 R_g = 200 Ω，满偏电流 I_g=500 μA，欲把此电流表改装成量程为 1.0 V 的电压表，正确的方法是（　　）。

A. 串联一个 0.1 Ω 的电阻

B. 并联一个 0.1 Ω 的电阻

C. 串联一个 1 800 Ω 的电阻

D. 并联一个 1 800 Ω 的电阻

§9.3　闭合电路欧姆定律

一、电源　电动势

电源　电路中要形成持续的电流，电路两端必须有恒定的电压，能起这种作用的装置叫作**电源**。干电池、蓄电池、发电机等都可作为电源。

电源有两个极，两极间存在电压。不同的电源，两极间电压的大小不同。不接用电器时，电源两极间电压的大小是由电源本身的性质决定的，电源的这种特性可用**电动势**表示。

电动势　电源的电动势在数值上等于电源没有接入电路时两极间的电压。电动势用符号 E 表示。电动势的单位与电压的单位相同，也是伏特。例如，常见干电池的电动势为 1.5 V，蓄电池的电动势为 2 V。

知识窗

几种常见的电池

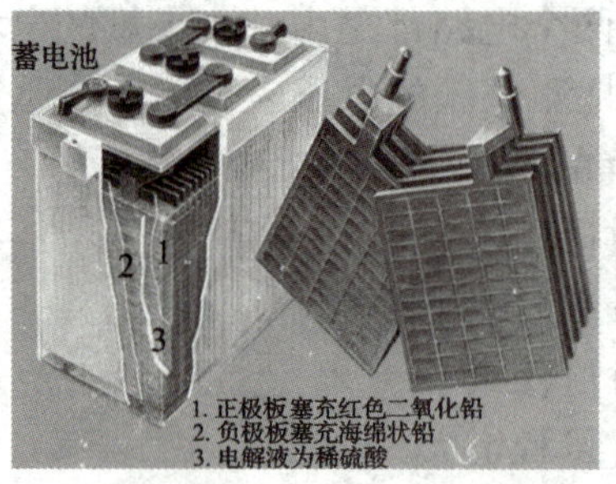

酸性铅蓄电池，其负极是纯铅，正极是二氧化铅，电解液是稀硫酸。在交通工具、信号设备、电话通信及实验室中常作为电源。

硅光电池，把光能直接转换为电能的半导体光电器材，体积小，质量轻，寿命长。应用于光电检测电路，也常用在人造卫星、宇宙飞船中。

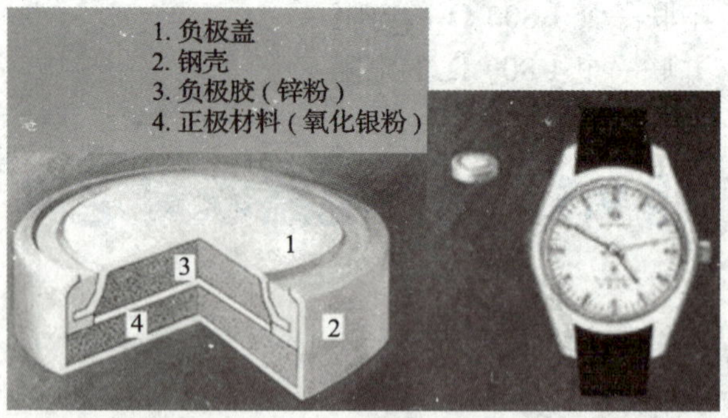

银锌电池，以锌为负极，氧化银为正极，质量轻，寿命长。多在电子手表、助听器、通信设备及导弹和人造卫星上作为电源。

二、闭合电路欧姆定律

用导线把电源和用电器连接起来，就组成了闭合电路。

外电路　内电路　闭合电路由两部分组成。一部分是电源外部的电路，叫作**外电路**，包括用电器和导线等；另一部分是电源内部的电路，叫作**内电路**，如发电机的线圈、电池内的溶液等。

外电路的电阻常称为外电阻，用 R 表示。内电路也有电阻，即电源**内电阻**，简称**内阻**，用 r 表示。

在图 9—3—1a 所示的闭合电路中，合上开关 S，电路中有电流通过，此时内、外电路上都有电压，外电路两端的电压叫作**外电压**。用 $U_{外}$表示，即

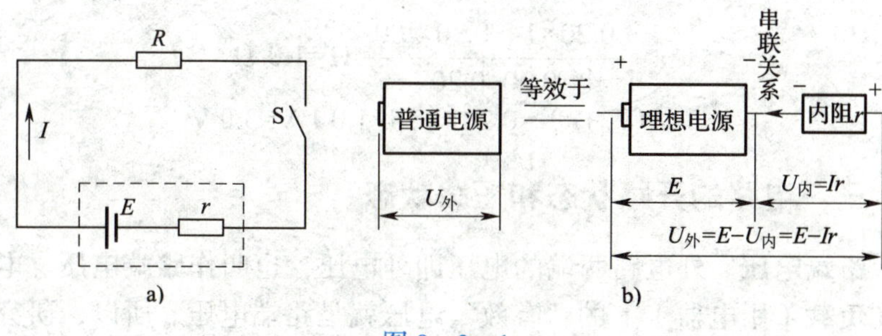

图 9—3—1

$$U_{外}=IR$$

内电路中的内电阻上也有电压，叫作**内电压**，用 $U_{内}$表示，即

$$U_{内}=Ir$$

闭合电路欧姆定律　理论分析表明，在闭合电路中，电源的电动势 E 等于外电压 $U_{外}$和内电压 $U_{内}$之和（图 9—3—1b)，用公式表示为 $E=U_{外}+U_{内}$，即

$$E=IR+Ir$$

所以

$$I=\frac{E}{R+r}$$

电源的电动势 E 与内阻 r 是反映电源本身性质的物理量，通常认为它们是不变的。

闭合电路中的电流与电源的电动势成正比，与内外电路的电阻之和成反比，这个结论叫作**闭合电路欧姆定律**。

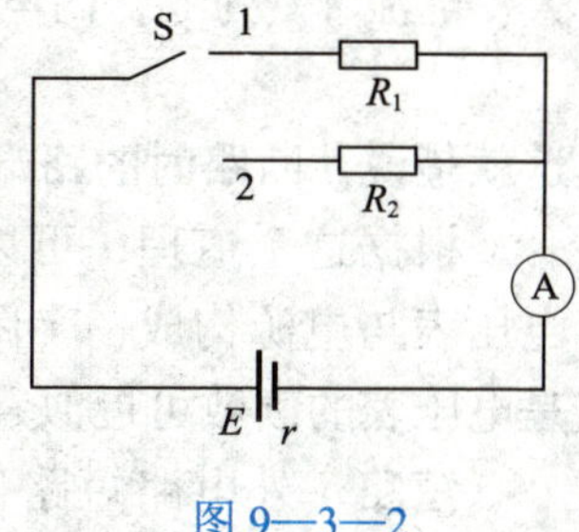

图 9—3—2

例题　在图 9—3—2 所示的电路中，$R_1=14\ \Omega$，$R_2=9.0\ \Omega$。单刀双掷开关 S 置于 1 时，

测得的电流 I_1=0.20 A；当 S 置于 2 时，测得的电流 I_2=0.30 A，求电源的电动势 E 和内电阻 r。

本题给出了测量电源电动势和内电阻的一种方法。

你还能想出别的方法吗?

解 根据闭合电路欧姆定律，开关 S 置于 1 时

$$E=I_1(R_1+r)$$

开关 S 置于 2 时

$$E=I_2(R_2+r)$$

消去 E 得

$$I_1(R_1+r)=I_2(R_2+r)$$

所以

$$r=\frac{I_1R_1-I_2R_2}{I_2-I_1}$$

代入已知条件得

$$r=\frac{0.20\times14-0.30\times9.0}{0.30-0.20}\ \Omega=1.0\ \Omega$$

$$E=I_1(R_1+r)=0.20\times(14+1.0)\ \text{V}=3.0\ \text{V}$$

三、电路的开路状态和短路状态

路端电压 外电路两端的电压即外电压，也叫作**路端电压**。电源加在负载（用电器）上的“有效”电压就是路端电压。所以，研究路端电压和负载的关系具有实际意义。

由部分电路欧姆定律可知 $U=IR$，根据闭合电路欧姆定律可得 $E=IR+Ir$，所以 $E=U+Ir$，写成

$$U=E-Ir=E-\frac{E}{R+r}r$$

对于某一电源来说，E 和 r 是定值。

上式表明，路端电压随着外电阻 R 的改变而改变。当外电阻增大时，路端电压也增大；当外电阻减小时，路端电压也减小。

开路 当外电路断开时，电路处于开路状态。电阻 R 可认为无限大，电流 I 变为零，内电压 Ir 也变为零。由上面公式可得

$$U=E$$

这就是说，**断路时的路端电压等于电源的电动势**。

根据这个道理，可以使用内阻很大的电压表直接测量电动势。使电压表与电源构成一个闭合电路，这时电流很小，内电压 Ir 很小，于是电压表的读数可近似看作电动势。

短路 外电路短路，也称电路处于短路状态。外电阻 R=0，所以

$U=IR=0$，此时的电流称为短路电流，即

$$I_{短路}=\frac{E}{r}$$

通常由于电源内阻很小，例如蓄电池的内阻一般为0.005～0.1 Ω，所以短路电流很大。很大的短路电流不但会烧坏电源，还可能引起火灾。为了防止事故的发生，在电力线路中必须安装保险装置。在实验中，也绝不允许将导线或电流表（电流表的内阻很小）直接接到电源两端，以防止短路。

例题 已知电源的电动势$E=1.5$ V，内电阻$r=0.20$ Ω，外电阻$R=2.8$ Ω，求电路中的电流、路端电压和短路电流。

解 本题给出电动势E、内电阻r、外电阻R等已知条件，可直接应用闭合电路欧姆定律求出I，然后求路端电压U。

由闭合电路欧姆定律和路端电压公式得

电流 $$I=\frac{E}{R+r}=\frac{1.5}{2.8+0.20}\text{ A}=0.50\text{ A}$$

路端电压 $$U=E-Ir=1.5-0.50\times 0.20\text{ V}=1.4\text{ V}$$

短路电流 $$I=\frac{E}{r}=\frac{1.5}{0.20}\text{ A}=7.5\text{ A}$$

体验与探索

1. 如图9—3—3所示，逐一闭合开关，请同学们思考一下，灯泡的亮度会不会发生变化？为什么？

2. 如图9—3—4所示，在A、B之间接入额定电流为1 A的熔断器，接通开关S，电路正常工作，灯泡正常发光。接着断开开关S，在C、D之间接入一根铜线造成短路，然后接通开关S，观察所发生的现象，并说明熔断器的作用。

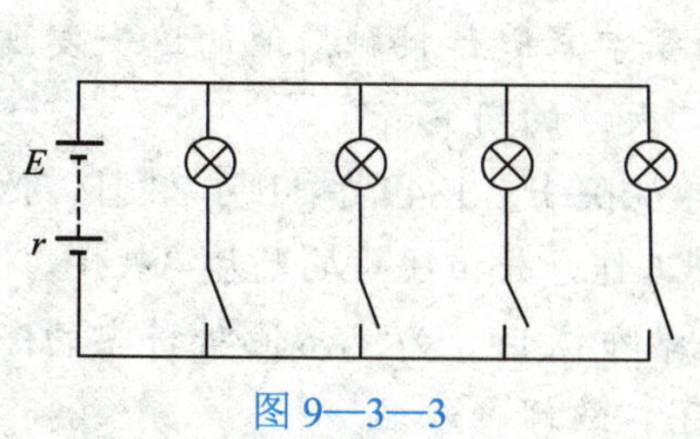

图9—3—3

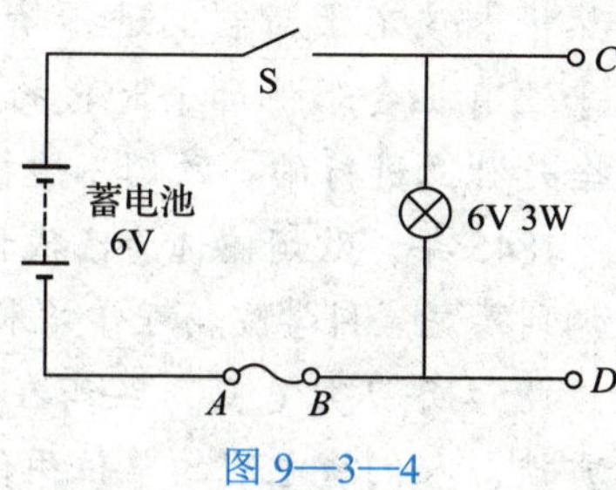

图9—3—4

练习与巩固

1. 下列选项中，关于闭合电路的说法错误的是（　　）。

A. 电源短路时，电源内电压等于电动势

B. 电源短路时，路端电压为零

C. 电源负载增加时，路端电压也增大

D. 电源断路时，路端电压最大

2. 电源的电动势为 1.5 V，内电阻为 0.12 Ω，外电阻为 1.38 Ω，求电路中的电流和路端电压。

科学漫步

科学家欧姆

1805 年，欧姆进入爱尔兰大学学习，由于家庭经济困难，付不起学费，只上了三个学期的课就被迫退学当家庭教师了。他通过自学参加大学生考试，于 1811 年又重新回到爱尔兰大学，后来顺利地取得了博士学位。1817 年，他被聘为科隆耶稣中学的数学、物理教师。在这里，他研究了拉格朗日、拉普拉斯、傅立叶等人的经典著作。自 1820 年起，他开始研究电磁学。

欧姆的研究工作是在十分困难的条件下进行的。他不仅要忙于教学工作，而且图书资料和仪器都很缺乏，他只能利用工作之余，并自己动手设计和制造仪器来进行有关实验。他对物理学的最大贡献是发现了以他名字命名的欧姆定律。这个定律在我们今天看来是如此简单，然而欧姆为此花了多年心血，付出了辛勤的劳动。在欧姆那个时代，电流、电压、电阻等概念都还不大清楚，特别是电阻的概念还没有，当然根本谈不上对它们进行精确测量了；况且在研究过程中，欧姆也几乎没有机会跟他那个时代的伟大物理学家进行接触，他的这一发现完全是独立进行的。欧姆不愧被称为“天才的研究者”。

1845 年，欧姆被选为巴伐利亚科学院院士。1849 年 11 月 23 日，他被调到慕尼黑科学院物理学学术委员会工作，并担任慕尼黑大学教授。

1854 年 7 月 6 日，欧姆在德国曼纳希逝世。为纪念他对科学的杰出贡献，人们将电阻的单位用他的名字“欧姆”命名。

§9.4 电路中的能量转化

一、电功与电热的关系

什么是电功 我们知道，在电流通过一段电路时，自由电荷在电场力的作用下发生定向移动，电场力对自由电荷做功。在一段电路中电场力所做的功，也就是通常说的电流所做的功，简称**电功**。

在图 9—4—1 所示的一段电路中，负载（电灯、电炉、电动机等用电器）两端电压为 U，通过的电流为 I，在时间 t 内电流所做的功（电功）为

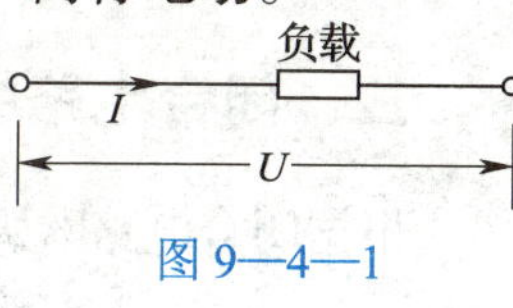

图 9—4—1

$$W=UIt$$

在国际单位制中，W、U、I、t 的单位分别为 J、V、A、s。

上式表明，**电流在一段电路上所做的功等于这段电路两端的电压 U、电路中的电流 I 和通电时间 t 三者的乘积**。

做一做

根据电功的数学表达式 $W=UIt$，请你推导出电功率 P 的计算公式。

什么是电热 在初中物理中我们就知道，电流通过导体产生的热量与电流的平方、导体的电阻和通电时间成正比。它的数学表达式是

$$Q=I^2Rt$$

这个规律叫作**焦耳定律**，是英国物理学家焦耳（1818—1889）于 1840 年在大量实验的基础上总结出来的。

我们通常把电流通过导体时产生的热量称为**电热**或**焦耳热**。

做一做

根据电热的数学表达式 $Q=I^2Rt$，请你推导出热功率 P 的计算公式。

电热与电功的关系 如果电路中只含有电阻，即所谓的纯电阻电路（如电炉、电热器等），则电流所做的功 $W=UIt$ 与电流产生的热量相

等。此时，电能全部转化为电路的热能（图 9—4—2），即

$$Q=W=UIt=\frac{U^2}{R}t=I^2Rt$$

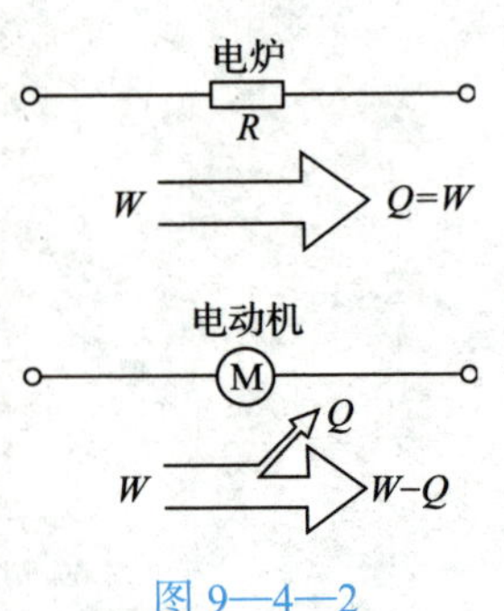

图 9—4—2

如果电路不是纯电阻电路，例如含有电动机或电解槽等，那么电能一部分转化为热能，另一部分转化为机械能、化学能等其他形式的能（图 9—4—2）。这时，电流所做的功仍用 $W=UIt$ 计算，但不等于所产生的热量，电路产生的热量仍可以用 $Q=I^2Rt$ 计算。

二、闭合电路中的能量转化关系

根据闭合电路欧姆定律，$E=U+U_内$，如果在其两边同时乘以 It，则有

$$EIt=UIt+U_内It$$

式中，EIt 表示电源提供的电功，UIt 表示外电路上消耗的电功，$U_内It$ 表示内电路上消耗的电功。

我们可以得出结论，**电源提供的电能，一部分消耗在外电路上，另一部分消耗在内电路上，而总能量是守恒的。**

进一步推导，可知**电源的总功率**为

$$P_总=EI$$

电源的输出功率为

$$P_出=UI$$

电源的效率为

$$\eta=\frac{UI}{EI}\times100\%=\frac{U}{E}\times100\%$$

知识窗

用电器的额定功率和额定电压

用电器上所标示的电功率和电压，通常是用电器的额定功率和额定电压。用电器只有在额定电压之下，才能达到额定功率。例如标有“220 V 60 W”的白炽灯泡，说明它在 220 V 的电压下能正常发光，消耗的电功率是 60 W。如果在其他电压下，它也可能工作，但不正常，其功率也与额定功率不同。电源电压和额定电压相差过大，就有可能损坏用电器。因此，应尽可能使用用电器在额定电压下工作。

例题 1 有一台直流电动机，额定电压 U=110 V，电阻 R=2.0 Ω，正常工作通过的电流 I=5.0 A，求：

（1）电动机消耗的电功率 P；

（2）电动机消耗的热功率 P_Q；

（3）电动机工作 10 min，消耗了多少电能？其中有多少电能转化为焦耳热？有多少电能转化为机械能？

（4）电动机的效率 η。

解 （1）负载是非纯电阻电路，电功率

$$P=UI=110\times5.0\ \text{W}=550\ \text{W}$$

（2）电动机消耗的热功率

$$P_Q=I^2R=5.0^2\times2.0\ \text{W}=50\ \text{W}$$

（3）电动机工作 10 min，消耗的电能

$$W=Pt=550\times10\times60\ \text{J}=3.3\times10^5\ \text{J}$$

其中转化为焦耳热的电能

$$W_Q=P_Qt=50\times10\times60\ \text{J}=3.0\times10^4\ \text{J}$$

转化为机械能的电能

$$W=W-W_Q=3.3\times10^5-3.0\times10^4\ \text{J}=3.0\times10^5\ \text{J}$$

（4）电动机的效率

$$\eta=\frac{W}{W_{总}}=\frac{3.0\times10^5}{3.3\times10^5}=0.909=90.9\%$$

例题 2 输电线的电阻 R=1.0 Ω，电站的输出功率 P=100 kW，求下述两种情况下输电线上发热损失的功率。

（1）用 10 kV 的电压输电；

（2）用 400 V 的电压输电。

解 输电方式如图 9—4—3 所示，输电线的等效电阻 R 与负载串联，负载不一定是纯电阻，线路中的电流

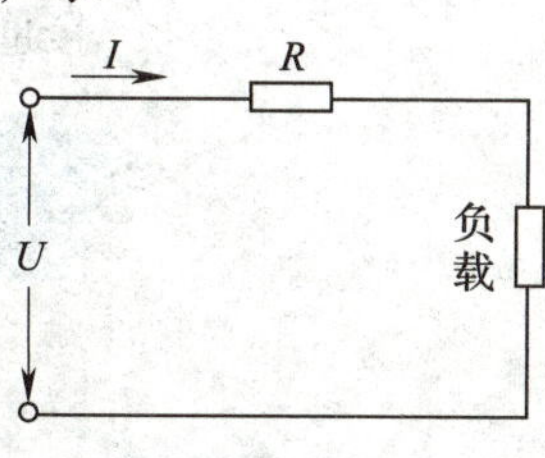

图 9—4—3

$$I=\frac{P}{U}$$

（1）U=10 kV 时，输电线上发热损失的功率

$$P_Q=I^2R=\left(\frac{P}{U}\right)^2R=\left(\frac{1.0\times10^5}{1.0\times10^4}\right)^2\times1.0\ \text{W}=1.0\times10^2\ \text{W}$$

（2）U'=400 V 时，输电线上发热损失的功率

$$P'_Q=\left(\frac{P}{U'}\right)^2R=\left(\frac{1.0\times10^5}{400}\right)^2\times1.0\ \text{W}\approx6.3\times10^4\ \text{W}$$

输电线上发热损失的功率，用 10 kV 的电压输电时比用 400 V 的电压输电时小得多。因此，远距离输电必须使用高电压。

体验与探索

通过对例题 2 的学习，请同学们思考高压输电的意义及适用范围。

练习与巩固

1. 对一只标有“220 V 40 W”的灯泡，下列说法正确的是（　　）。

A. 正常工作时的电流为 5.5 A

B. 正常工作时的电流为 0.18 A

C. 只要通电，电功率就是 40 W

D. 只要通电，电压就是 220 V

2．一台电阻为 20 Ω 的电风扇，工作电压为 220 V，测得工作电流为 0.5 A，求：

（1）电风扇的输入功率；

（2）电风扇的热功率；

（3）电能转化为机械能的功率。

3. 如图所示，用电动势为 8 V、内电阻为 2 Ω 的电池组连接两根各 1 Ω 的电阻线，向某用电器（纯电阻）供电，该用电器可获得 3 W 的电功率，求通过该用电器的电流和它两端的电压。

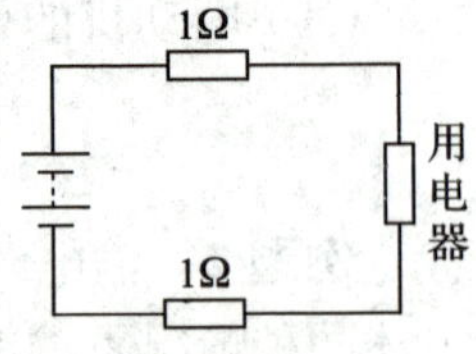

科学漫步

高压输电

输电线路产生的焦耳热正比于电流的平方，所以，减小电流可明显减少电能在线路中的损耗。在发电机输出功率一定的情况下，升高传输电压即可减小传输电流。因此，长距离输电都会使用变压器，将电压升到 10 kV、35 kV、110 kV、220 kV 等高压后再传输。在使用地区，变电压会将输电线路的高电压降到几百伏，以保证用电安全。

第10章

磁　场

§10.1　从指南针谈起

一、指南针

指南针是我国著称于世的四大发明之一。指南针的发明，是建立在对物质磁性进行研究基础之上的。远在春秋战国时期，我国古人对天然磁石（古称“慈石”，主要成分为 Fe_3O_4）就有了一些认识，并开始用于寻找铁矿。

公元前 4 世纪，我国古人已经发现了磁石指向南北的特性，并发明了指示方向的司南勺（图 10—1—1）。司南勺最终发展为指南针。

图 10—1—1

把指南针装配在船舱方位盘上，便构成了最初的导航仪，古称罗盘。而罗盘的应用，对于航海业的快速发展起到了最基础的作用。

指南针的作用，正如英国哲学家培根所说的那样：“印刷术、火药、指南针这三种发明已经在世界范围内，把事物的全部面貌和情况都改变了。”

二、指南针与远洋航海

郑和下西洋　明永乐三年（1405 年），明成祖命郑和（1371—1433）率领 200 多艘海船、27 000 多名士兵和船员组成的船队远征海外。船队从江苏太仓城外刘家港出发，先后抵达多个西太平洋和印度洋国家和地区。从 1405 年到 1433 年的 28 年间，郑和 7 次奉旨率队远航西洋，航线延伸至西亚和非洲东岸，造访过 30 多个国家和地区。

郑和下西洋的壮举，展示了当时我国的强盛国力和辉煌的中华文明，加强了东西方文明的交流，同时书写了世界航海史上最光辉的篇章。

我国是最早在航海上使用指南针的国家。罗盘在郑和的西洋远航中扮演着重要的角色，发挥了不可或缺的重要作用。

欧洲人的远洋探险　随着宋、元时期中外交往和贸易的繁荣与发展，我国发明的指南针相继传到了欧亚等许多国家。以指南针为基础的罗盘成为各国船队的必要装备，从而为此后欧洲远洋航海事业的蓬勃开展以及地理大发现奠定了基础。

意大利航海家哥伦布在西班牙王室的支持下进行了远洋探险，1492 年 10 月 12 日到达了巴哈马群岛，开启了对美洲大陆的发现之旅。1519 年，在西班牙王室的支持下，葡萄牙航海家麦哲伦率领 265 名水手开始环球探险，3 年后这支船队回到了西班牙，完成了举世闻名的环球航行。

航海事业推动了天文学、大地测量学、力学和数学等学科的发展，促进了冶金、造船、机械制造等技术的进步。

环球航行使大地球形猜想得到了实践的检验，人类第一次真正认识了地球，确立了新地球观。远洋探险使人类获得了解放思想和打破旧观念束缚的巨大精神力量，也对近代科学在欧洲的诞生起到了促进作用。

三、我们生活在天然磁场——地磁场中

指南针为什么会指南？这在古代曾经是一个不解之谜，直到 1600 年英国宫廷医生吉尔伯特才对此作出了科学的解释。

原来，地球本身是一个巨大的磁体，地球周围存在着磁场，这个磁场叫作地磁场（图 10—1—2），指南针在地磁场的作用下发生偏转而指示方向。地磁场的南磁极（S 极）在地理北极附近，北磁极（N 极）在地理南极附近。

地磁的两极与地理的两极并不重合，地磁轴和地球自转轴两者的夹角约为 11º，因而水平放置的磁针的指向与地理子午线之间有一个交角，这个交角叫作磁偏角。

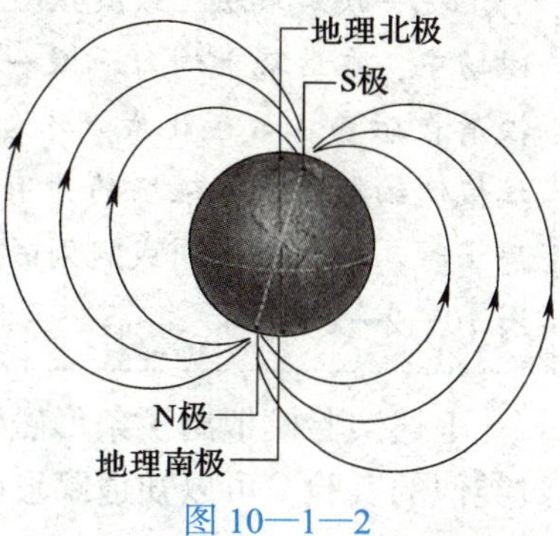

图 10—1—2

§10.2　怎样描述磁场

一、什么是磁场

在初中我们已经知道，磁体在空间产生的一种特殊物质叫作磁场。磁体间的相互作用是通过磁场产生的。

实　验

把小磁针放在磁体产生的磁场中，在磁场产生的力的作用下，发现小磁针发生了偏转。静止时，每个小磁针的指向不同，小磁针分布如图 10—2—1 所示。

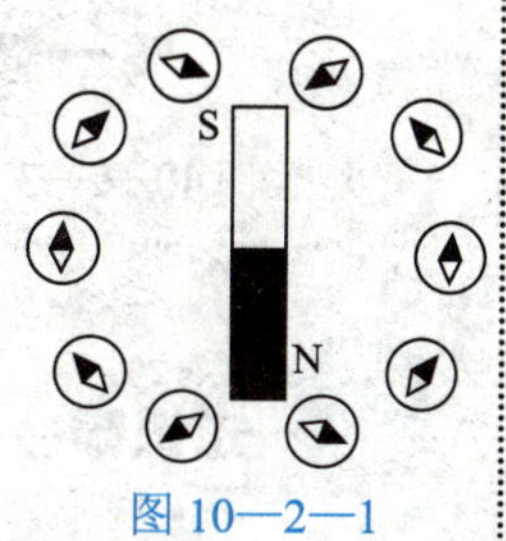

图 10—2—1

实验表明，磁场是有方向的。物理学规定，**在磁场中小磁针静止时北极所指的方向，就是该点的磁场方向**。

二、磁场的形象描述　磁感线

在初中我们已经知道，可以用磁感线形象地描述磁场。

实 验

把一块玻璃板（或硬纸板）水平地放在磁场中，在玻璃上均匀地撒一些细铁屑，细铁屑在磁场中被磁化成“小磁针”。轻敲玻璃板使细铁屑能在磁场的作用下转动，最后静止时，细铁屑排列成规则的曲线形状，如图 10—2—2 所示。

图 10—2—2

上述实验模拟出了条形磁铁周围的磁感线形状（图 10—2—3）。通过类似的实验，可以知道蹄形磁铁周围的磁感线形状（图 10—2—4）。

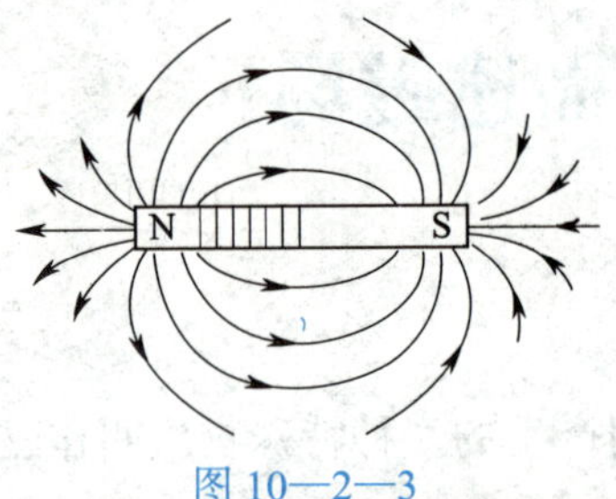

图 10—2—3

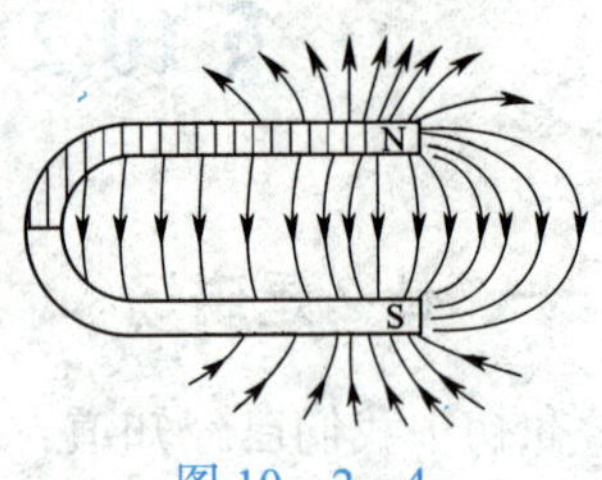

图 10—2—4

通过观察磁感线的疏密程度，我们可以知道：磁感线分布密集的地方，磁场强；磁感线分布稀疏的地方，磁场弱。

想一想

观察图 10—2—3，你能找出图中磁场的强弱和方向均相同的两个位置吗？

知识窗

永久磁铁遇到震动以及温度的剧变，就会失去磁性。所以，为了保持磁铁的磁性，要防止磁铁震动和加热。平时要把磁铁放在铁屑堆里或者把两块磁铁的两个不同磁极并在一起，如图 10—2—5 所示，以避免退磁。

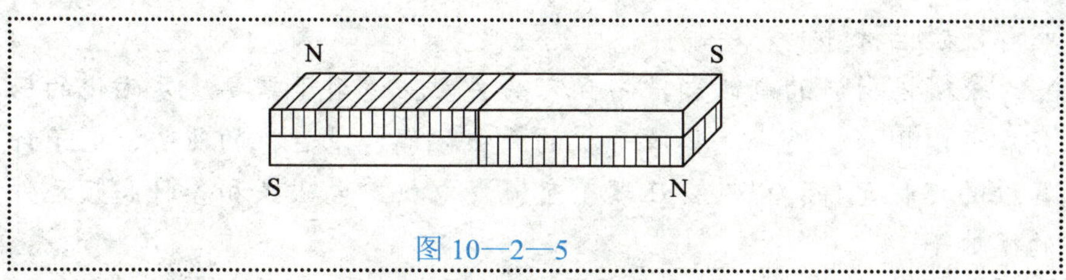

图 10—2—5

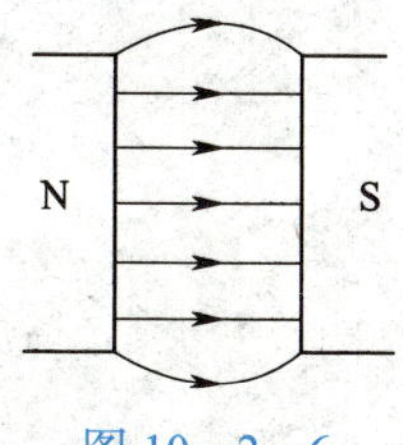

图 10—2—6

三、一种特殊的磁场　匀强磁场

一对较大的磁极之间的磁场，除边缘外，内部各点的磁感强度大小和方向处处都相同（图 10—2—6）。这样的磁场称为**匀强磁场**。

匀强磁场的磁感线相互平行，且间隔相等。图 10—2—7a 所示为方向水平且向右的匀强磁场，图 10—2—7b 所示为方向垂直且指向纸内的匀强磁场，图 10—2—7c 所示为方向垂直且指向纸外的匀强磁场。

体验与探索

为了描述磁场，我们引入了磁场线。你认为磁场中是否真的存在这样的一些线？在前面的学习中，我们还遇到过类似的问题吗？请你仔细体会，概括并总结物理学的一些基本表达方法。

练习与巩固

1. ________周围存在磁场。物理学规定，在磁场中小磁针静止时________所指的方向，就是该点的磁场方向。

2. 磁感线的疏密表示磁场的强弱。磁感线分布密集的地方，磁场______；反之，磁感线分布稀疏的地方，磁场______。

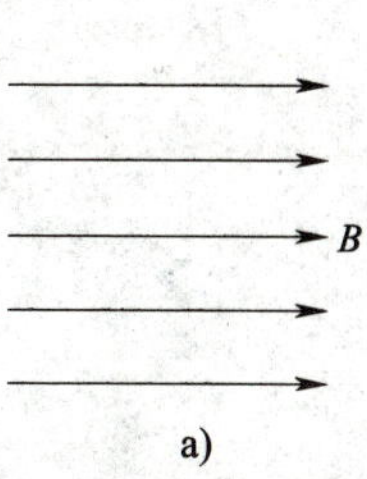

a)

b)

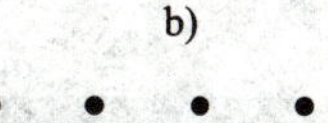

c)

图 10—2—7

科学漫步

磁性材料

实验表明，任何物质在外磁场中都能够或多或少地被磁化，磁化后磁性较强的称为磁性材料。

磁性材料按磁化后去磁的难易可分为软磁性材料和硬磁性材料。磁化后容易去掉磁性的物质叫作软磁性材料，不容易去掉磁性的物质叫作硬磁性材料。

软磁性材料的剩磁弱，而且容易去磁，适用于需要反复磁化的场合。可以用来制造半导体收音机的天线磁棒、录音机的磁头、电子计算机的记忆元件，以及变压器、交流发电机、电磁铁和各种高频元件的铁心等。

硬磁性材料的剩磁强，而且不易退磁，适合制成永久磁铁，应用在磁电式仪表、扬声器、话筒、永磁电机等用电设备中。

随着社会的进步，磁性材料和我们日常生活的关系也越来越紧密。录音机上用的磁带、录像机上用的录像带、电子计算机上用的磁盘、储蓄用的信用卡等，都含有磁性材料。这些磁性材料称为磁记录材料。依靠磁记录材料，我们可以在磁带、录像带、磁盘上保存大量的信息，并在需要的时候“读”出这些信息。

§10.3　电流的磁场

一、电流的磁效应

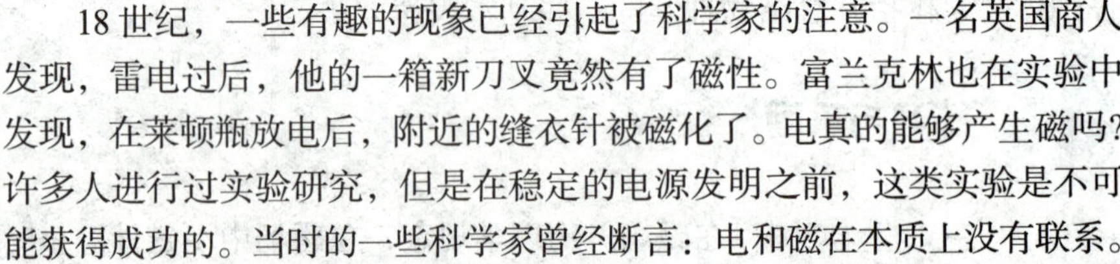

18 世纪，一些有趣的现象已经引起了科学家的注意。一名英国商人发现，雷电过后，他的一箱新刀叉竟然有了磁性。富兰克林也在实验中发现，在莱顿瓶放电后，附近的缝衣针被磁化了。电真的能够产生磁吗？许多人进行过实验研究，但是在稳定的电源发明之前，这类实验是不可能获得成功的。当时的一些科学家曾经断言：电和磁在本质上没有联系。

奥斯特

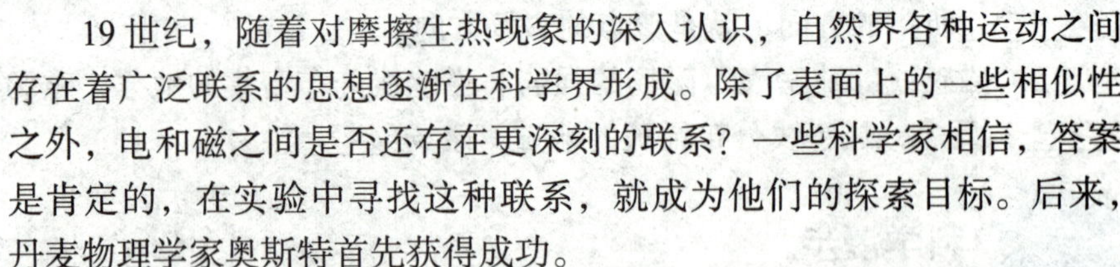

19 世纪，随着对摩擦生热现象的深入认识，自然界各种运动之间存在着广泛联系的思想逐渐在科学界形成。除了表面上的一些相似性之外，电和磁之间是否还存在更深刻的联系？一些科学家相信，答案是肯定的，在实验中寻找这种联系，就成为他们的探索目标。后来，丹麦物理学家奥斯特首先获得成功。

我们知道，静止的电荷只能产生电场，不能产生磁场。那么，运动的电荷，也就是电流，能不能产生磁场呢？

1820 年，奥斯特发现：把一根导线平行地放在磁针的上方，给导线通电时，磁针发生了偏转，就好像磁针受到磁铁的作用一样（图 10—3—1）。这说明不仅磁铁能产生磁场，电流也能产生磁场，这个现象称为**电流的磁效应**。

电流磁效应的发现，用实验展示了电和磁的联系，说明电和磁之间存在着相互作用，这对电和磁研究的深入发展来说具有划时代的意义，也预示了电力应用的可能性。

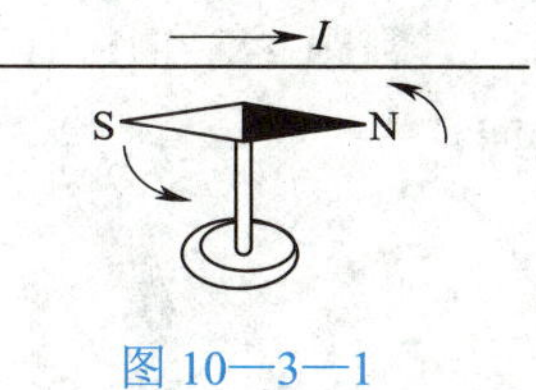

图 10—3—1

二、电流磁场的方向

奥斯特的发现极大地震动了科学界，人们不仅重复奥斯特的实验，还提出了新问题：当把小磁针放在电流的磁场中时，小磁针的偏转是否有一定的规律？偏转的方向与电流的方向有什么关系？以安培为代表的法国科学家很快取得了研究成果。

实　验

让一根直导线垂直穿过水平玻璃板（或硬纸板），在玻璃板上均匀地撒一些细铁屑，当导体通过电流时，轻敲玻璃板，观察所发生的现象。

直线电流的磁场　安培通过实验发现，直线电流的磁感线是围绕导线的一些同心圆（图 10—3—2）。

磁感线方向与电流方向之间的关系可以这样来判定：**右手握住导线，让伸直的拇指方向与电流方向一致，那么，弯曲四指所指的方向就是磁感线的绕行方向**（图 10—3—3）。这就是**安培定则**。由此我们可以分别画出垂直纸面向内或向外的直线电流的磁场（图 10—3—4）。

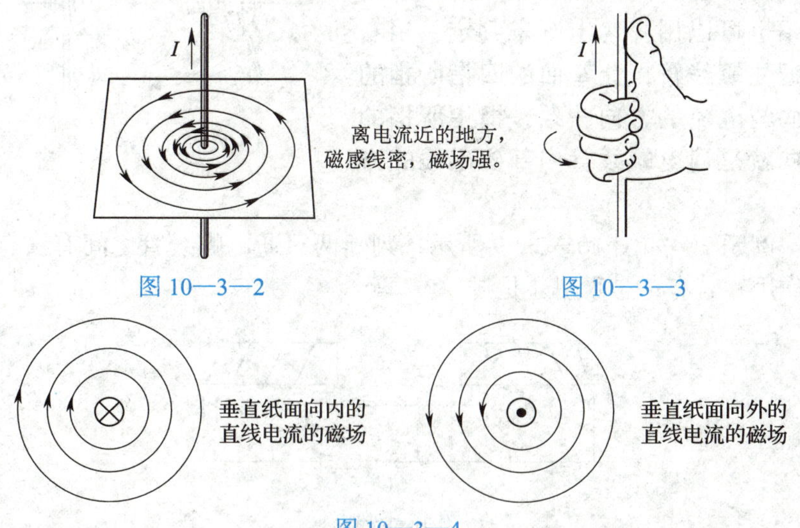

图 10—3—2

图 10—3—3

图 10—3—4

例题 1 在图 10—3—5 中标出直线电流磁场中小磁针的偏转方向。

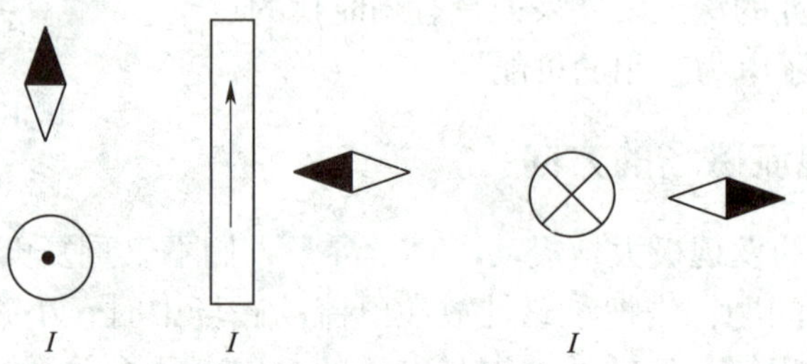

图 10—3—5

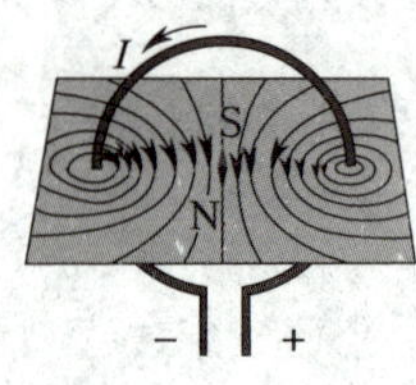

图 10—3—6

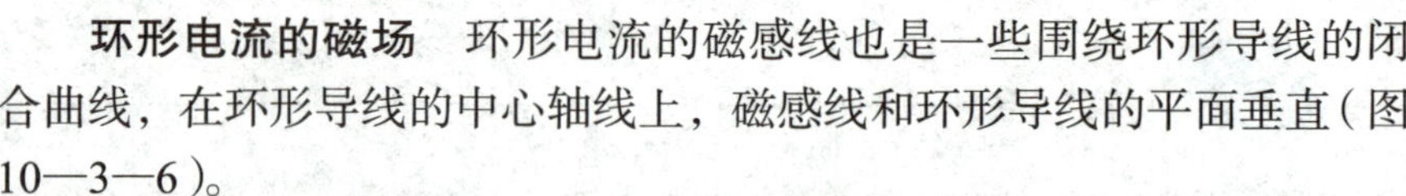

环形电流的磁场 环形电流的磁感线也是一些围绕环形导线的闭合曲线，在环形导线的中心轴线上，磁感线和环形导线的平面垂直（图 10—3—6）。

环形电流的磁感线方向与电流方向之间的关系也可以用安培定则来判定：**使右手弯曲的四指和环形电流的方向一致，那么伸直的大拇指所指的方向就是环形导线中心轴线上磁感线的方向**（图 10—3—7）。

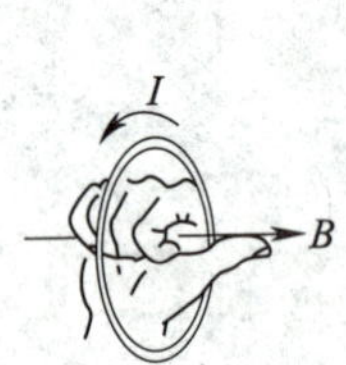

图 10—3—7

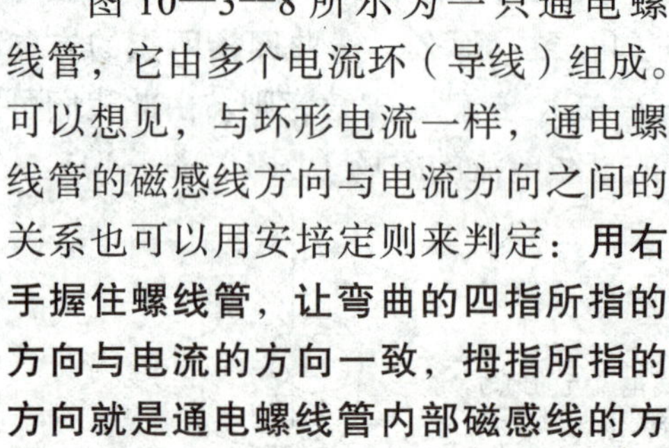

图 10—3—8 所示为一只通电螺线管，它由多个电流环（导线）组成。可以想见，与环形电流一样，通电螺线管的磁感线方向与电流方向之间的关系也可以用安培定则来判定：**用右手握住螺线管，让弯曲的四指所指的方向与电流的方向一致，拇指所指的方向就是通电螺线管内部磁感线的方向**。

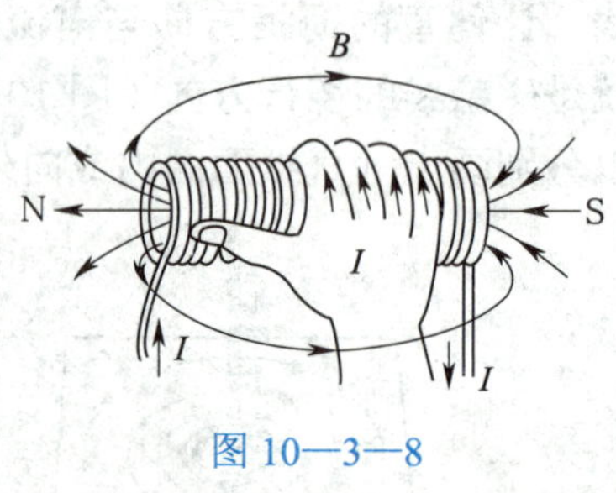

图 10—3—8

例题 2 如图 10—3—9 所示，判断两只通电螺线管之间有没有相互作用。若有，是吸引还是排斥？

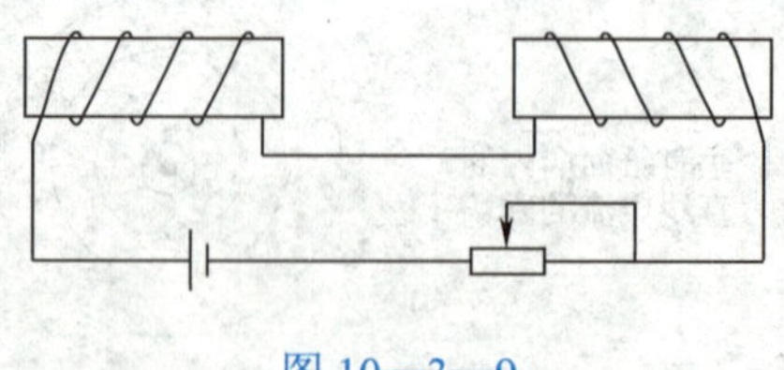

图 10—3—9

体验与探索

用漆包线绕一个十几匝的线圈，并用胶布把线圈竖直固定在一块木板上，线圈的两端接入电路中（图10—3—10）。把小磁针（或自制的指南针）放在图中所示的位置，并使小磁针处于线圈平面内。请判断：如果接通电路，小磁针将怎样偏转？然后进行实际操作，观察实验结果与判断是否一致。

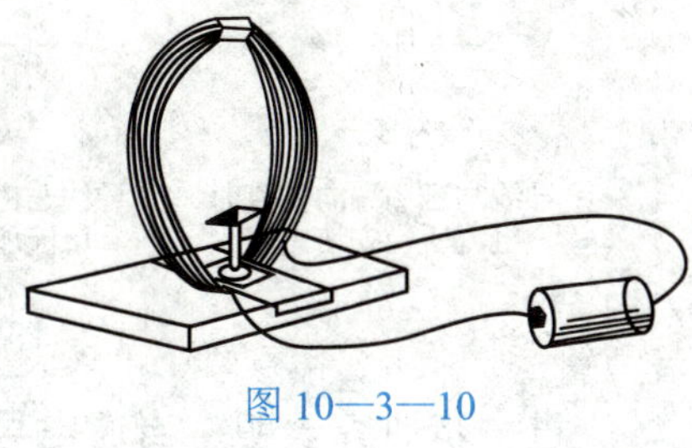

图 10—3—10

练习与巩固

1. 在下左图和下右图中，标出电流周围的磁场方向（纸所在平面内）。

2. 螺线管中的电流方向如下图所示，标出 a、b、c、d、e 处小磁针 N、S 极的指向。

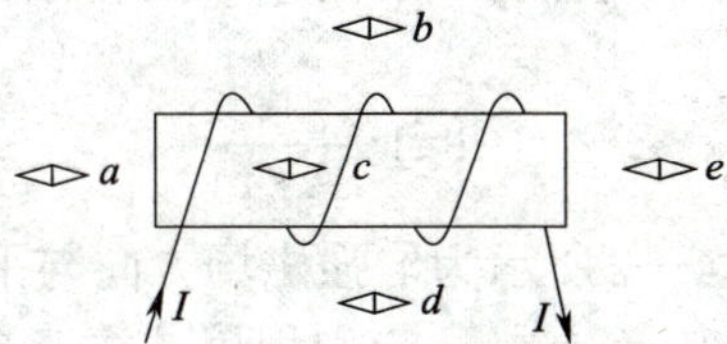

§ 10.4　磁场对电流的作用

为了纪念安培在研究磁场对电流作用方面所作出的贡献，人们把磁场对电流的作用力称为安培力。下面我们讨论安培力的大小和方向。

一、安培力的大小

实验表明，磁场对电流有力的作用（图 10—4—1）。

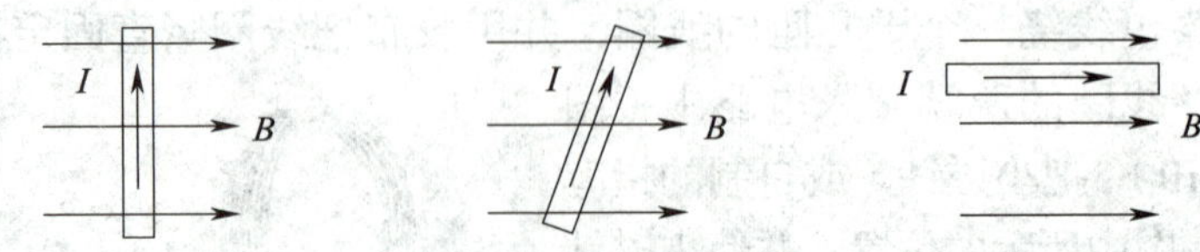

导线与磁场方向垂直时，电流所受安培力最大　导线与磁场方向斜交时，电流所受安培力较小　导线与磁场方向平行时，电流所受安培力为零

图 10—4—1

进一步研究表明，**当通电导线垂直于磁场方向时，它所受到的安培力的大小既与导线中的电流 I 成正比，又与导线长度 L 成正比**。若用公式表示，则有

$$F=BIL$$

这个规律叫作**安培定律**，式中的 B 是比例系数。

二、磁感应强度　磁通量

磁感应强度　对于不同的磁场，上面的比例关系都成立，但在强弱不同的磁场中，比例系数 B 是不一样的。可见，B 就是反映磁场强弱的物理量，叫作**磁感应强度**，即

$$B=\frac{F}{IL}$$

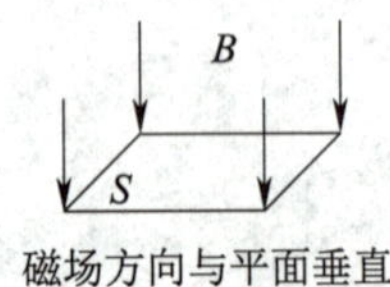

磁场方向与平面垂直，磁通最大

磁场方向与平面斜交，磁通较小

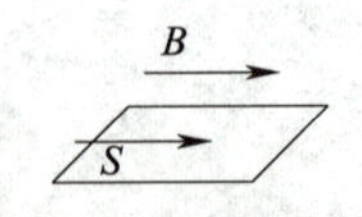

磁场方向与平面平行，磁通最小（零）

图 10—4—2

在国际单位制中，磁感应强度的单位是特斯拉，简称特，符号是 T，且

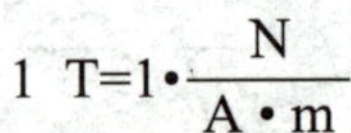

$$1\ \mathrm{T}=1\cdot\frac{\mathrm{N}}{\mathrm{A}\cdot\mathrm{m}}$$

磁通量　图 10—4—2 所示为匀强磁场方向与平面相交的三种情况。当匀强磁场方向与平面垂直时，我们把磁感应强度 B 与面积 S 的乘积叫作穿过这个面的**磁通量**，简称**磁通**。如果用 Φ 表示磁通量，则有

$$\Phi=BS$$

在国际单位制中，磁通量的单位是韦伯，简称韦，符号是 Wb。

$$1\ \mathrm{Wb}=1\ \mathrm{T}\cdot\mathrm{m}^2$$

例题　已知某匀强磁场的磁感应强度大小为 0.5 T，在该磁场中有一个面积为 0.02 m^2 的矩形线圈，求当线圈平面与磁感线垂直和平行时穿过线圈的磁通量。

解 当线圈平面与磁感线垂直时，穿过线圈的磁通量为

$$\Phi=BS=0.5\times0.02\ \text{Wb}=1.0\times10^{-2}\ \text{Wb}$$

当线圈平面与磁感线平行时，穿过线圈的磁通量为零。

三、安培力的方向

大量实验表明，安培力的方向总是垂直于磁感线和通电导线所在的平面。

通过研究，人们归纳出安培力的方向可以用**左手定则**来判定：**伸开左手，使大拇指与其余四个手指垂直，并且在同一个平面内，让磁感线垂直穿入手心，并使四指指向电流方向，那么，大拇指所指的方向就是通电导线在磁场中所受安培力的方向**（图 10—4—3）。

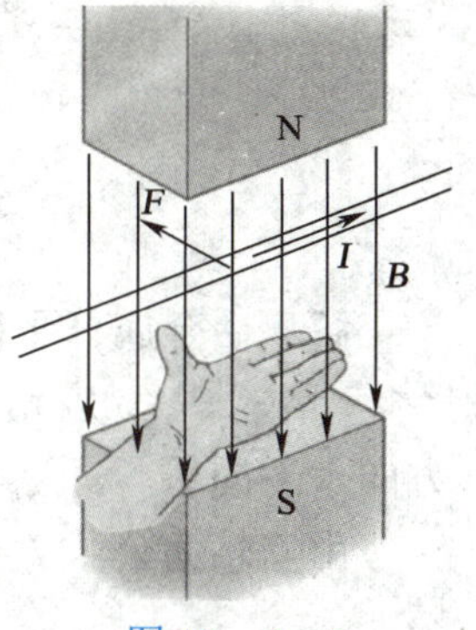

图 10—4—3

例题 1 研究两根平行通电直导线之间的安培力。

分析 如图 10—4—4 所示，一根通电直导线产生磁场，而另一根通电直导线处在这个磁场中，且电流方向恰好与磁场方向垂直，利用左手定则，我们就可判断出它所受安培力的方向。

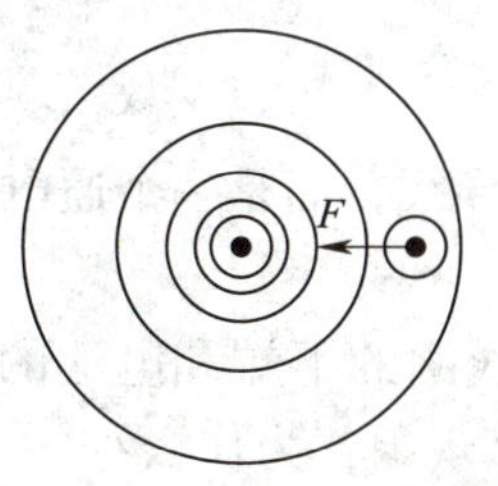

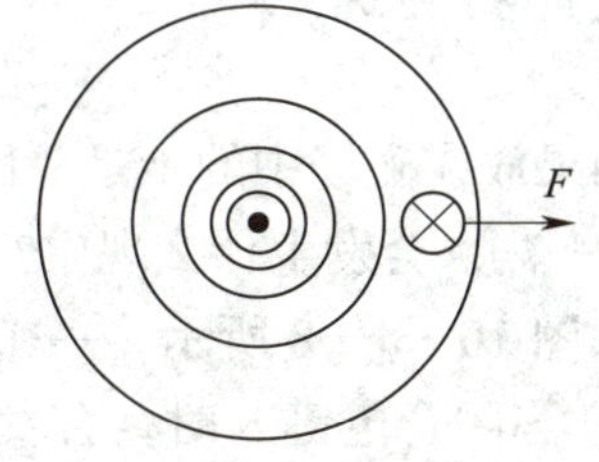

图 10—4—4

请判断图中的磁场方向。判断磁场方向和力的方向分别用哪只手。

我们发现一个有趣的现象：两根直导线的电流方向相同时，它们相互吸引；而电流方向相反时，它们相互排斥。

例题 2 如图 10—4—5 所示，一轻质金属杆长 L=0.1 m，水平放置在光滑导轨上，跨过定滑轮悬挂一质量为 0.01 kg 的物体。将导轨放置于匀强磁场中，磁场方向竖直向上，磁感应强度大小为 0.5 T。为了使金属杆保持静止状态，需在金属杆中通入多大的电流？方向如何？

分析 在金属杆中通入电流后，金属杆将受到磁场产生的安培力。

只要电流的大小、方向适当，金属杆所受安培力就能与细绳的拉力保持平衡（图 10—4—6）。

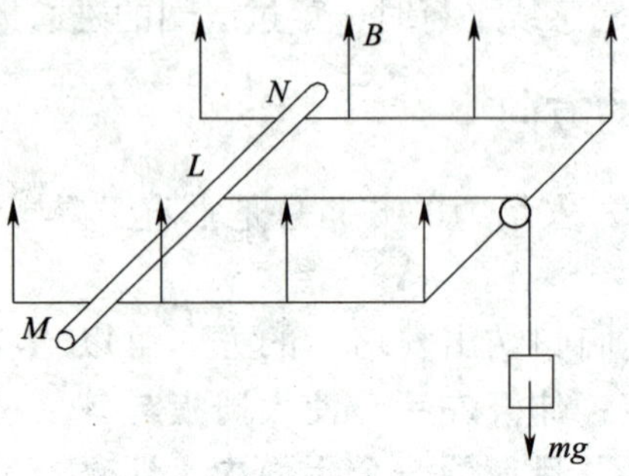

图 10—4—5

图 10—4—6

解 由金属杆平衡条件得

安培力 $F=T=mg=0.01\times9.8\text{ N}=0.098\text{ N}$

方向水平向右。

由安培力公式 $F=BIL$ 得

$$I=\frac{F}{BL}=\frac{0.098}{0.5\times0.1}\text{ A}=1.96\text{ A}$$

利用左手定则，得电流方向由 N 指向 M。

体验与探索

1. 如果放在磁场中的不是一段通电导线，而是一个通电线圈 *abcd*（图 10—4—7），会发生什么现象？

2. 如图 10—4—8 所示，一个弹簧线圈的下端和电池的一端通过水银相连，当闭合电键 S 时，会发生什么现象？为什么？

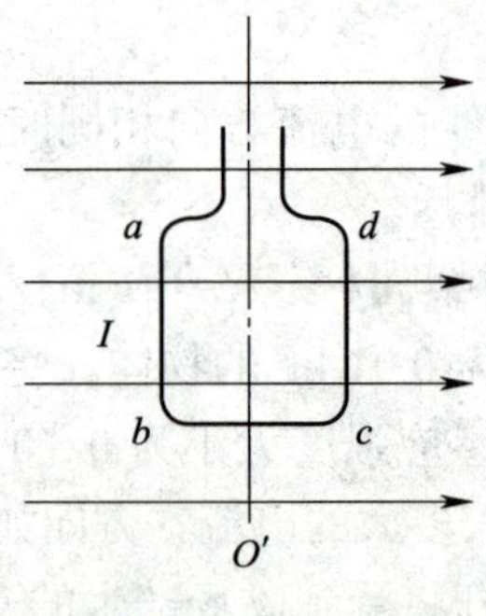

图 10—4—7

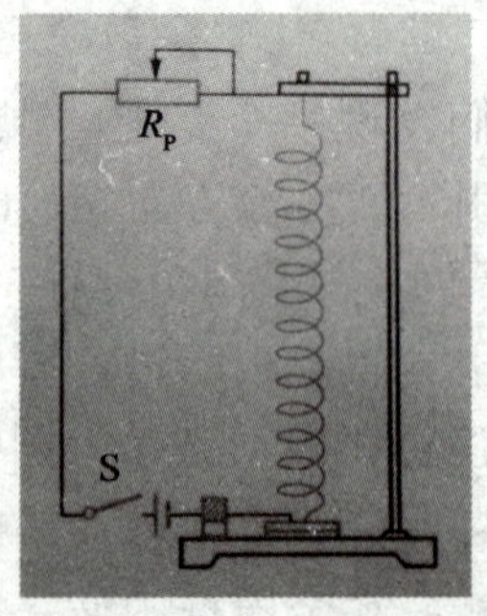

图 10—4—8

练习与巩固

1. 在下图a、b、c中分别标出了磁场方向和通电导体的电流方向，试标出导体的受力方向，并指出哪种情况导体不受力。

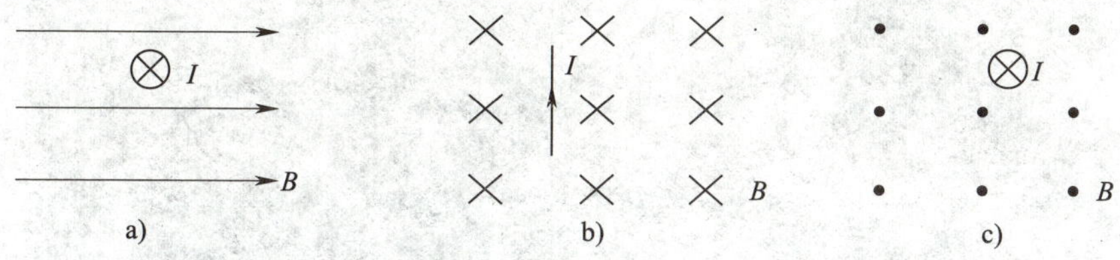

2. 当线圈在匀强磁场中转动时（转动轴垂直于磁感线），通过线圈的磁通量在不断发生变化。当线圈平面平行于磁感线时，磁通量（　　）。

A. 等于零

B. 最大

C. 最小但不等于零

D. 无法判断

科学漫步

电 动 机

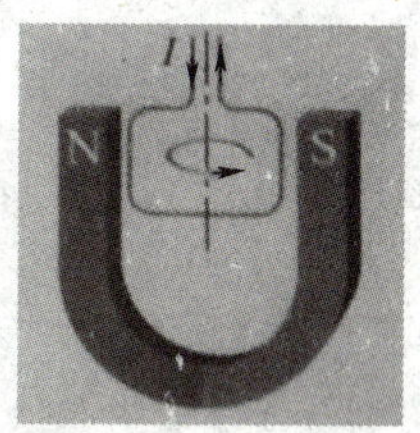

在磁场中，通电线圈因受到安培力的作用而发生扭转（右小图）。如果给线圈通以方向合适的电流，就可以使线圈转动起来。我们使用的电动机就是利用安培力来工作的。现在，电动机广泛应用在工厂、办公室、家庭里。

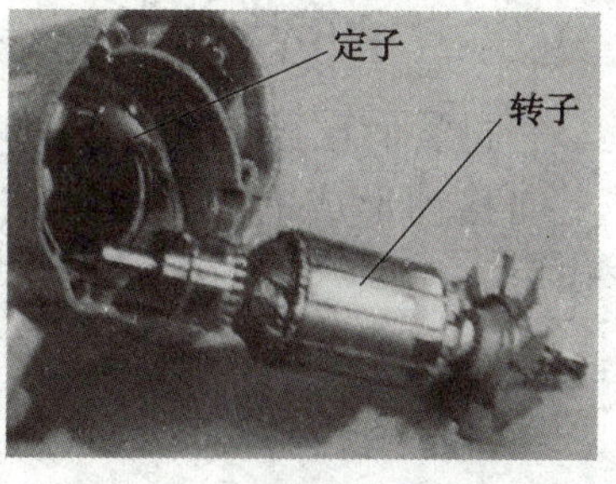

各种电动机都有转子和定子。定子是电动机中不动的部分，可以是线圈，可以是导体，也可以是磁体；转子是电动机中转动的部分（右大图）；线圈镶嵌在硅钢片的槽中。直流电动机中还有电刷和整流子，可以将电流持续地提供给线圈，并适时改变流入线圈的电流方向。有了它们，能使转子朝一个方向持续地旋转。直流电动机广泛使用在电动剃须刀、录音机、录像机、计算机（主要是软盘驱动器中的电动机，见下长图）、电动玩具、电力机车、电子钟表（见下方图）上，大功率输出的直流电动机使用在电车、高速电梯上。

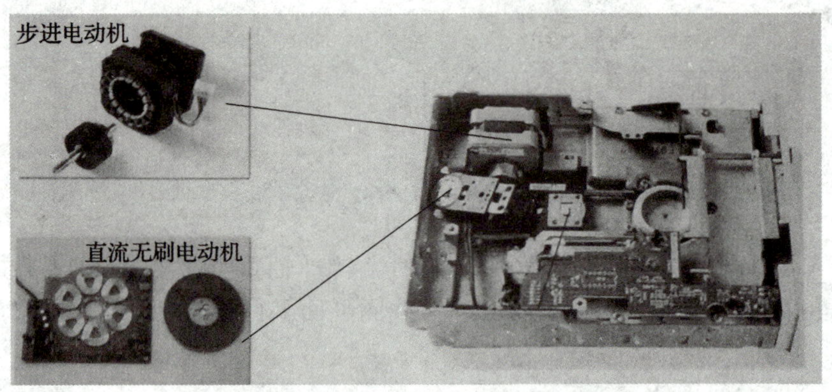

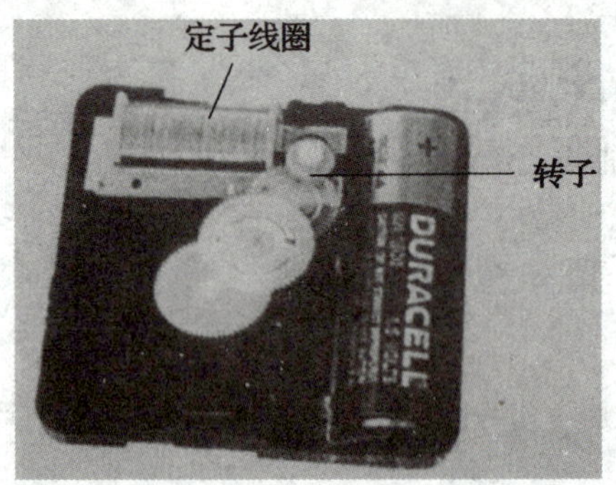

§10.5 磁场对运动电荷的作用

一、洛伦兹力

同学们已经知道，磁场对电流有力的作用，而电流是由电荷的定向移动形成的。由此我们可以猜测，**磁场对运动的电荷也有力的作用**。

为了检验这种猜想，我们来看一个实验。

实 验

在真空玻璃管内安装一个阴极和一个阳极。阴极棒接高电压的负极，阳极棒接高电压的正极。阴极能够发射电子，电子束在两极之间电场力的作用下从阴极飞向阳极。这个管子叫作电子射线管（图 10—5—1）。为了显示电子束运动的情况，管内装有长条形的荧光屏，荧光屏上的物质受到电子的撞击就能够发光。

（1）没有磁场时，观测电子束的径迹（图 10—5—1a）。

（2）把电子射线管放在蹄形磁铁的两极之间，观测电子束的径迹（图 10—5—1b）。

（3）调换磁铁南北极的位置，再次观测电子束的径迹。

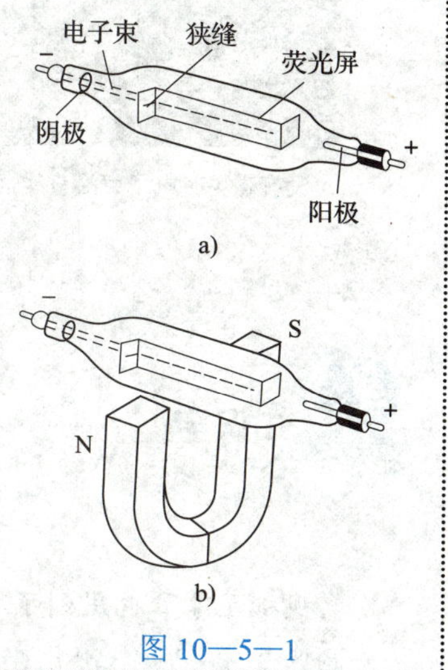

图 10—5—1

1895 年，荷兰物理学家洛伦兹首先提出，磁场对运动电荷有力的作用。为了纪念他，人们称这种力为**洛伦兹力**。

二、洛伦兹力的方向

带电粒子运动时受到洛伦兹力，在宏观上表现为导线受到了安培力。洛伦兹力的方向可根据左手定则来判断，只不过把正电荷（流）的运动方向看作电流方向即可。

图 10—5—3 所示实验装置叫作洛伦兹力演示仪，可以演示洛伦兹力的方向和大小。它由一个球形电子射线管和一组线圈组成。通过改变电子枪两极间的电压，可以改变电子的速度；通过改变线圈中电流的强弱，可以改变磁感应强度的大小。

通过演示仪可以观测到，没有磁场时，电子束的径迹是直的，外加磁场以后，电子束的径迹变成圆形。磁场的强弱和电子的速度都能影响圆的半径。

请你判断图 10—5—2 中带电粒子受到的洛伦兹力的方向。

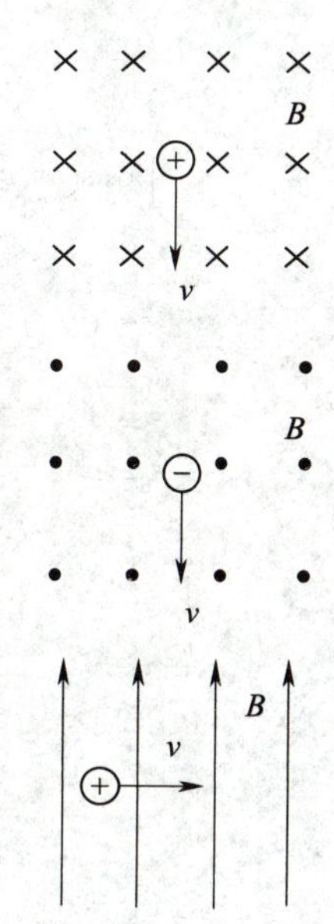

图 10—5—2

没有磁场时电子束沿直线运动

施加垂直于纸面的磁场后，电子束沿圆周运动

图 10—5—3

知识窗

显像管

电视机显像管也用到了电子束磁偏转的原理。

显像管中有一个阴极，工作时它能够发射电子，荧光屏被电子束撞击就能够发光。可是，很细的一束电子打在荧光屏上只能是一个发光点，而实际上要使整个荧光屏发光，则要靠磁场来使电子束偏转了。

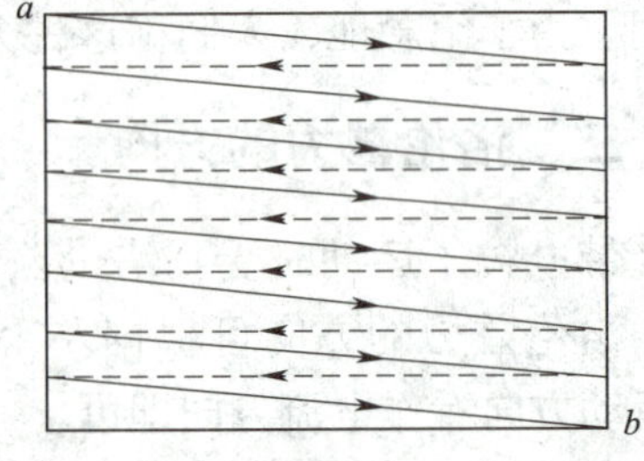

图 10—5—4

实际上，水平偏转磁场和竖直偏转磁场的强弱都在不断发生变化，因此电子束打在荧光屏上的光点就像图 10—5—4 所示那样不断移动，这在电视技术中叫作扫描。电子束从最上面一行到最下面一行扫描一遍叫作一场，电视机每秒要进行 50 场扫描，所以我们感到整个荧光屏都在发光。

体验与探索

从图 10—5—5 中可以看出，没有磁场时电子束打在荧光屏正中的 O 点。为了使电子束偏转，在管颈区域加有偏转磁场（由图 10—5—6 所示偏转线圈产生）。

（1）电子束在竖直方向偏离中心，打在荧光屏上的 A 点，偏转磁场方向如何？

（2）电子束打在荧光屏上的 B 点，偏转磁场方向如何？

（3）如果要使电子束打在荧光屏上的位置由中心 O 点逐渐向 A 点移动，偏转磁场的强弱应该怎样变化？

从上述问题的思考中，你对显像管的基本工作原理是否更加清楚了呢？

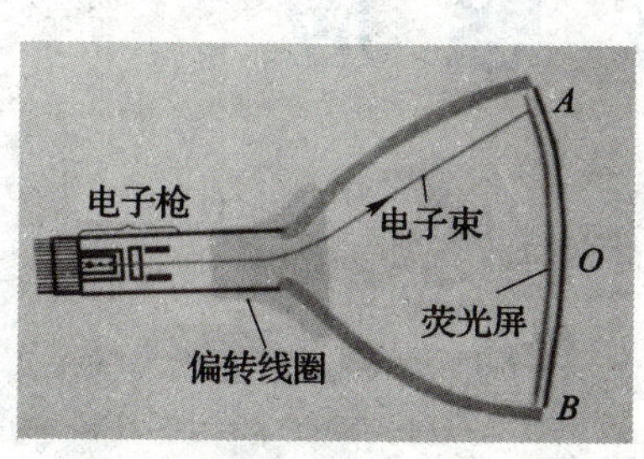

图 10—5—5

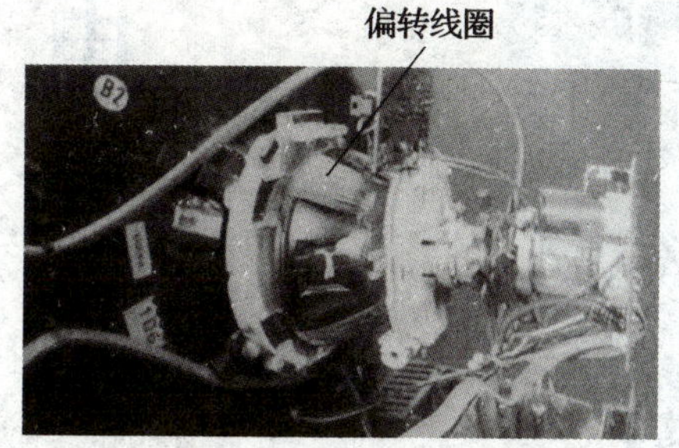

图 10—5—6

第11章

电磁感应

§11.1 探索电磁感应现象

一、划时代的发现

1820年，奥斯特发现电流的磁效应后，引发了人们一种普遍的对称性思考：既然电流能够引起磁针的运动，那么能不能用磁铁使导线中产生电流呢？

历经长达10年的艰苦探索，法拉第于1831年终于发现了电磁感应现象：把a、b两个线圈绕在一个铁环上（图11—1—1）。a线圈连接电源（电路中有开关），b线圈接电流表。在给a线圈通电或断电的瞬间，b线圈上出现了电流。

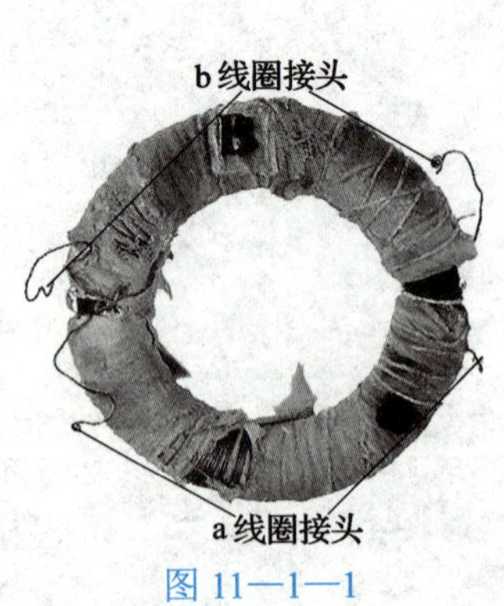

图11—1—1

在那个时代，很多科学家都对“磁生电”这个全新课题进行了研究和探索。最终，法拉第以其勤奋和执着获得了这个划时代的发现，成为19世纪最伟大的科学家之一。

二、电磁感应现象

我们在初中学过，闭合电路的一部分在磁场中做切割磁感线运动时，电路中就产生电流。物理学中把这种现象叫作**电磁感应**，由电磁感应产生的电流叫作**感应电流**。但是，法拉第“磁生电”实验中并没有闭合电路的一部分在磁场中运动。由此可知，还存在其他产生感应电流的条件。下面通过几个实验来说明这个问题。

实验一

如图11—1—2所示，把导体AB和电流表连接起来组成闭合电路。使导体AB在磁场中向左或向右运动，再使导体平行于磁感线向上或向下运动，观察电流表指针偏转情况。

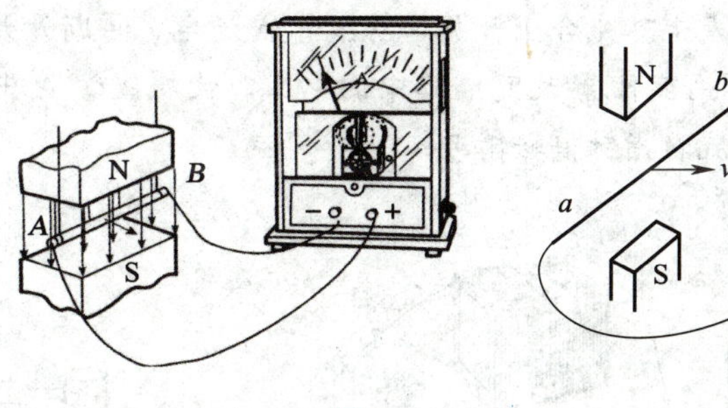

图11—1—2

实验二

如图11—1—3所示，把磁铁插入螺线管，再从螺线管里拔出来；然后保持磁铁不动，移动螺线管，再让两者以同一速度运动，观察电流表指针偏转情况。

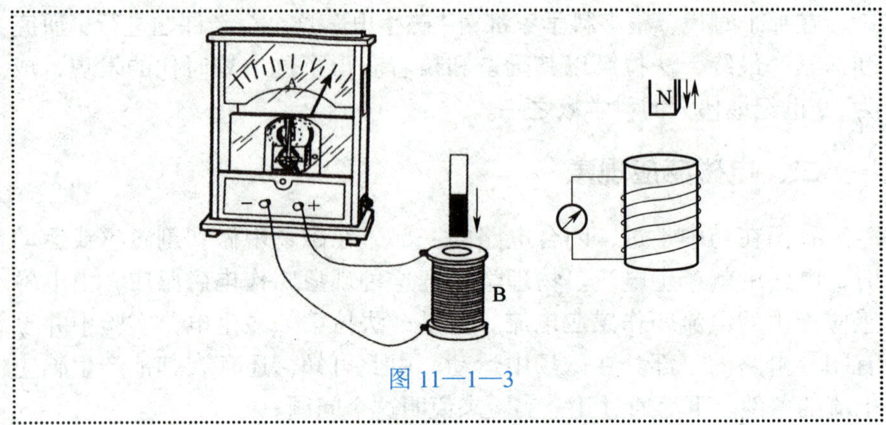

图 11—1—3

实验表明，不论是导体运动，还是磁体运动，只要闭合电路的一部分切割磁感线，电路中就有电流产生。

实验三

如图 11—1—4 所示，把螺线管 B 套在螺线管 A 的外面，螺线管 B 的两端接到电流表上。先合上开关给螺线管 A 通电，再断开开关使螺线管 A 断电；然后用变阻器改变电路中的电阻，使螺线管 A 中的电流发生变化，观察电流表指针偏转情况。

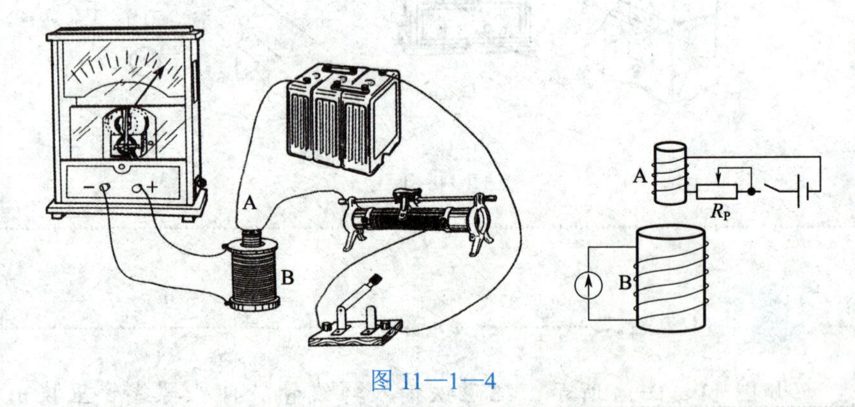

图 11—1—4

以上实验表明，不论使用什么方法，**只要穿过闭合电路的磁通量发生变化，电路中就有感应电流产生**。

想一想

实验二的结论“只要闭合电路的一部分切割磁感线，电路中就有感应电流产生”与实验三的结论“只要穿过闭合电路的磁通量发生变化，电路中就有感应电流产生”矛盾吗？为什么？你认为哪一种表述更准确呢？

知识窗

安培和克拉顿的遗憾

19世纪对电磁感应的探索，是一项国际性的研究活动。1821年，法国科学家安培已经开始探求“磁生电”的途径。安培做实验时总是保持线圈中的电流不变，因而始终没有观察到电磁感应现象。

1825年，瑞典年轻的科学家克拉顿也用实验探索如何产生感应电流。克拉顿用条形磁铁在线圈中插入和抽出进行实验时，为了排除磁铁对电流表的影响，把电流表和线圈分别放在两个房间里。做实验时，“可怜的”克拉顿在两个房间之间跑来跑去，总也观察不到电磁感应现象。

例题1 如图11—1—5所示，有一个闭合线圈*abcd*，处在很大的匀强磁场中，在下列哪种情况下，线圈中有感应电流产生？

（1）当向右做匀速直线运动时；

（2）当向右做匀加速直线运动时；

（3）当向纸外平移时；

（4）当绕*ab*边向纸面内做匀速转动时。

分析 要判断线圈中有无感应电流产生，应根据感应电流产生的条件，分析闭合线圈中磁通量的变化情况。

当线圈向右做匀速直线运动或做匀加速直线运动或向纸外平移时，在任意时刻穿过线圈的磁通量都没有发生变化，线圈中都没有感应电流产生。

当线圈绕*ab*边向纸面内做匀速转动时，线圈垂直于磁场的面积减小了，即穿过闭合线圈的磁通量减少了，这时有感应电流产生。

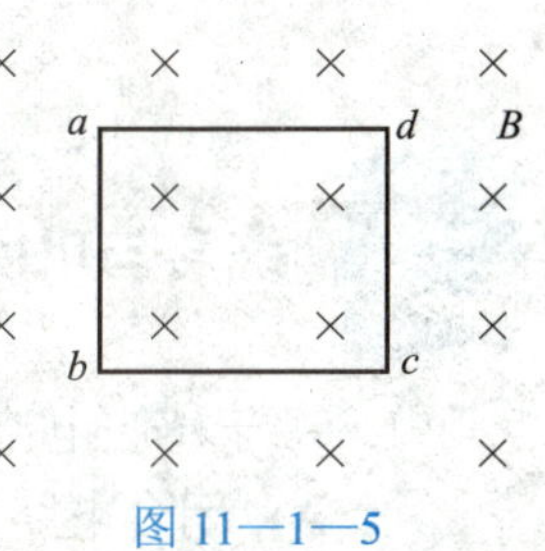

图11—1—5

如果线圈平移出匀强磁场，或者移进匀强磁场，请同学们分析线圈中有无感应电流。

例题 2 如图 11—1—6 所示，一环形铁心上绕有 A、B 两线圈，线圈 B 与电流表连接成闭合电路，线圈 A 与开关 S 及电源连接成闭合电路。在合上开关 S 的一瞬间、合上开关 S 一段时间后及断开开关的一瞬间三种情况下，试分别判断电流表指针是否偏转。

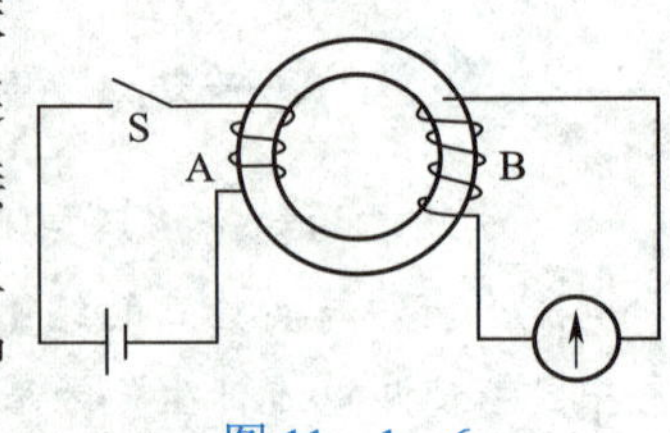

图 11—1—6

分析 判断线圈 B 中有无感应电流，关键是判断线圈 B 中的磁通量有无变化。

合上(或断开)开关 S 的一瞬间，线圈 A 中有电流通过并产生磁场。由于环形铁芯的导磁作用，使得线圈 B 中的磁通量从无(有)到有(无)，急剧增大(减小)，所以线圈 B 中产生感应电流，电流表指针发生偏转。

合上开关 S 一段时间后，线圈 A 中的电流恒定不变，环形铁芯中由线圈 A 的电流所产生的磁通量恒定不变。这样，穿过线圈 B 的磁通量也保持不变，所以线圈 B 中没有感应电流，电流表指针不发生偏转。

体验与探索

如图 11—1—7 所示，磁场中有一个闭合的弹簧线圈。先把线圈撑开（图 11—1—7a），然后放手，让线圈收缩（图 11—1—7b）。请同学们思考一下，线圈收缩时，其中有无感应电流？为什么？

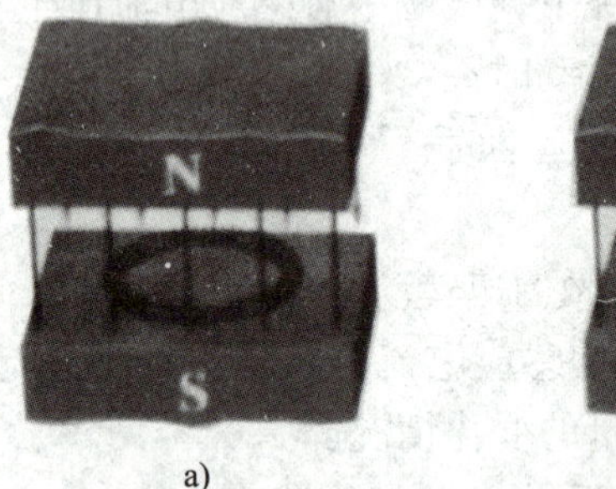

图 11—1—7

练习与巩固

1. 关于感应电流产生的条件，下列说法中正确的是（ ）。

A. 闭合电路在磁场中运动，闭合电路中一定会有感应电流

B. 闭合电路在磁场中做切割磁感线运动，闭合电路中一定会有感应电流

C. 穿过闭合电路的磁通量为零时，闭合电路中一定不会产生感应电流

D. 无论用什么方法，只要穿过闭合电路的磁通量发生了变化，闭合电路中就一定会有感应电流

2. 一矩形线圈放入匀强磁场中，线圈平面与磁感线垂直，如右图所示，要使线圈中有感应电流产生，应该使线圈（　　）。

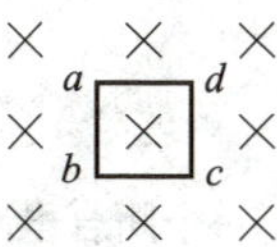

A. 沿垂直磁场方向移动

B. 在纸面内绕中心点转动

C. 沿磁感线方向移动

D. 以 ab 为轴转动

§11.2　法拉第电磁感应定律

一、感应电动势

在电磁感应现象中，因为闭合电路内有感应电流，所以这个电路内一定有电动势。我们把在电磁感应现象中产生的电动势叫作**感应电动势**。

感应电动势不仅存在于闭合电路，即便电路断开，只要电路中的磁通量变化，感应电动势就依然存在，只是此时没有感应电流。电磁感应现象中，产生感应电动势的那部分导体或线圈就相当于电源。

那么，感应电动势的大小与什么因素有关呢？法拉第通过大量实验和长期研究，认识了感应电动势大小变化的规律。

二、法拉第电磁感应定律

实　验

在图 11—1—2 所示的实验中，改变导体 AB 切割磁感线的速度；在图 11—1—3 所示的实验中，改变磁铁运动的快慢，分别观察电流表指针偏转情况。

大量实验表明，感应电动势的大小与磁通量变化的快慢有关。我们

用**磁通量的变化率**来描述磁通量变化的快慢，它是磁通量的变化量与所用时间的比值。

精确的实验表明，电路中感应电动势的大小与穿过这一电路的磁通量的变化率成正比。这就是**法拉第电磁感应定律**。

设在时刻 t_1 穿过闭合电路的磁通量为 Φ_1，在时刻 t_2 穿过闭合电路的磁通量为 Φ_2，则在时间 $\Delta t=t_2-t_1$ 内磁通量的变化量为 $\Delta\Phi=\Phi_2-\Phi_1$，磁通量的变化率为 $\frac{\Delta\Phi}{\Delta t}$。设感应电动势为 E，则有

$$E=k\frac{\Delta\Phi}{\Delta t}$$

一个闭合电路可视为一匝线圈。

式中，k 为比例常数。在国际单位制中 $k=1$，则上式可写成

$$E=\frac{\Delta\Phi}{\Delta t}$$

对于由 n 匝线圈组成的电路，感应电动势为

$$E=n\frac{\Delta\Phi}{\Delta t}$$

图 11—2—1

在实际工作中，为了获得较大的感应电动势，常常采用几百甚至几千匝的线圈，如图 11—2—1 所示。

例题　在一个 $B=0.01$ T 的匀强弱场中放一个面积为 0.001 m^2 的线圈，其匝数为 500 匝。在 0.1 s 内把线圈平面从平行于磁感线的方向转过 90°，变为与磁感线的方向垂直，求感应电动势的平均值。

分析　求解感应电动势，关键是求出磁通量的变化率。

解　当线圈平面垂直于磁感线的方向时，穿过线圈的磁通量为

$$\Phi=BS=0.01\times0.001\ \text{Wb}=1\times10^{-5}\ \text{Wb}$$

当线圈平面平行于磁感线的方向时，穿过线圈的磁通量等于零。

在 0.1 s 内穿过线圈的磁通量的变化率为

$$\frac{\Delta\Phi}{\Delta t}=\frac{1\times10^{-5}-0}{0.1}\ \text{V}=1\times10^{-4}\ \text{V}$$

1 Wb/s=1 V，你能证明吗？

由法拉第电磁感应定律得

$$E=n\frac{\Delta\Phi}{\Delta t}=500\times1\times10^{-4}\ \text{V}=0.05\ \text{V}$$

三、单根导体中的感应电动势

在图 11—2—2 所示的匀强磁场中，设磁感应强度为 B，有一个矩形线框 $abcd$ 放在这个磁场里，它的平面与磁感线垂直，导线 ab 的长度为 L，它在与磁感线垂直的方向上以速度 v 向右运动。

当导体 ab 做切割磁感线运动时，感应电动势就存在于这个运动的导体上。利用法拉第电磁感应定律可以推导出如下结论：**当磁感应强度、导线、导线的运动方向三者相互垂直时，产生的感应电动势的大小等于磁感应强度、导线长度、导线运动速度三者的乘积**。用公式表示为

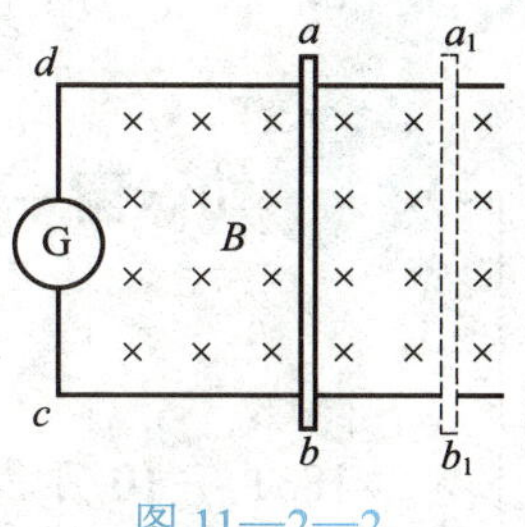

图 11—2—2

$$E=BLv$$

在国际单位制中，上式中 E、B、L、v 的单位分别是伏特（V）、特斯拉（T）、米（m）、米每秒（m/s）。

做一做

请同学们自己证明公式等号两边的单位是一致的，即 1 V=1 T·1 m·1 m/s。

例题 1 在 B=0.10 T 的匀强磁场中，一个长为 L=0.40 m 的导体以 v=5.0 m/s 的速度做切割磁感线的运动。如果 B、L、v 相互垂直，导体和外电路连接成闭合电路，总电阻 R=0.50 Ω，求导体中的感应电动势和感应电流。

分析 首先利用公式 $E=BLv$，求出感应电动势 E。然后根据给出的总电阻 R，利用欧姆定律就可以计算感应电流。

解 因为 B、L、v 相互垂直，由法拉第电磁感应定律得

$$E=BLv=0.10\times0.40\times5.0\text{ V}=0.20\text{ V}$$

电路中的感应电流为

$$I=\frac{E}{R}=\frac{0.20}{0.50}\text{ A}=0.40\text{ A}$$

单根导体切割磁感线产生的感应电流的方向可以这样判断：**伸开右手，让拇指与其余四指垂直，并且在同一平面内，让磁感线垂直穿入手心，拇指指向导体运动方向，其余四指指的就是感应电流的方向**。这就是**右手定则**（图 11—2—3）。

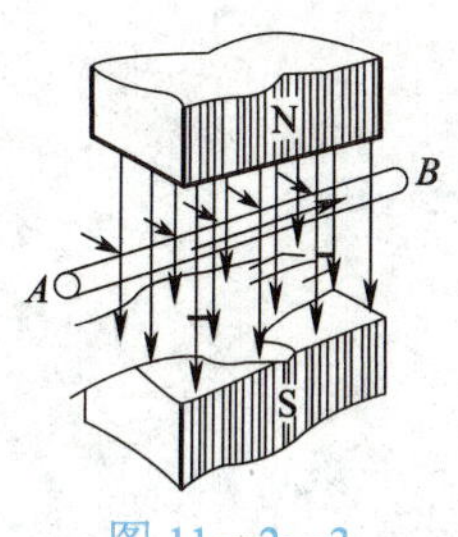

图 11—2—3

例题 2 试用右手定则判断下列导体中的感应电流方向（图 11—2—4）。

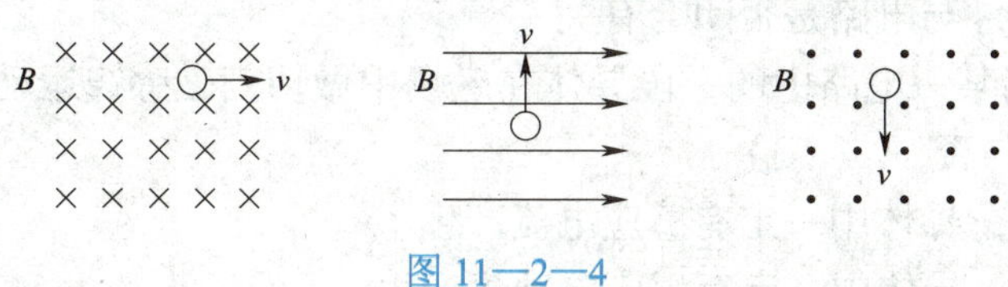

图 11—2—4

知识窗

圆盘发电机

1831 年 10 月 28 日，法拉第在一次会议上展示了由他发明的圆盘发电机。它是利用电磁感应原理制成的，是人类历史上第一台发电机。据说，在法拉第演示他的圆盘发电机时，一位贵夫人问道："法拉第先生，你发明这种玩意有什么用呢？"法拉第沉思片刻，简短地回答说："夫人，一个刚刚出生的婴儿有什么用呢？"

图 11—2—5 所示为这个圆盘发电机的示意图。铜盘安装在水平的铜轴上，它的边缘正好在两磁极之间，两块铜片 C、D 分别与转动轴和铜盘的边缘接触。使铜盘转动，电阻 R 中就有电流通过。

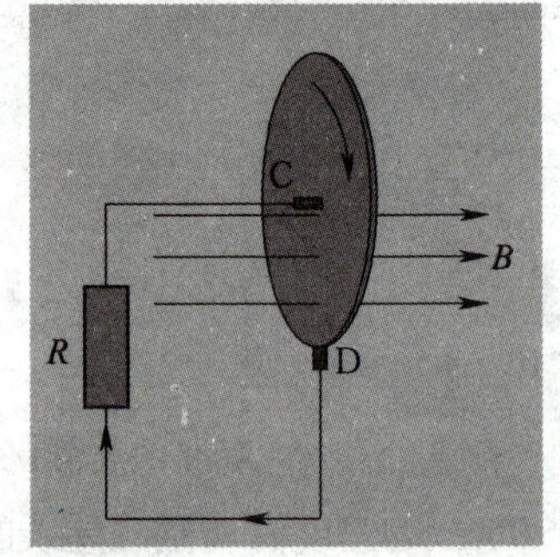

图 11—2—5

体验与探索

尝试制作法拉第圆盘发电机，并说明圆盘发电机的原理。

练习与巩固

1. 关于感应电动势的大小，下列说法中正确的是（　　）。

A. 与穿过闭合电路的磁通量有关

B. 与穿过闭合电路的磁通量的变化量有关

C. 与穿过闭合电路的磁通量的变化快慢程度有关

D. 与电路是否闭合有关

2. 当某一电路中的一段导体在磁场中做切割磁感线运动时，不管电路闭合与否，（　　）。

A. 导体中一定有感应电流产生

B. 导体中一定有感应电动势产生

C. 导体一定会产生电流的热效应

D. 导体一定会受到阻碍切割磁感线运动的力

科学漫步

涡 流

仔细观察发电机、电动机和变压器，可以看到它们的铁心都不是整块金属，而是由许多相互绝缘的薄硅钢片叠合而成的。为什么要这样做呢？

把块状金属放在变化的磁场中，或者让它在磁场中运动，金属块内将产生感应电流。这种电流在金属块内自成闭合电路，很像水的旋涡，因此叫作涡流。整块金属的电阻很小，所以涡流常常很强。

如下左图所示，把绝缘导线绕在块状铁心上，当交变电流通过导线时，穿过铁心的磁通量不断发生变化，铁心中会产生如图中虚线所示的涡流。块状铁心中的涡流很强，会使铁心大量放热，浪费大量的电能。

为了减少涡流损失，电动机和变压器的铁心通常用涂有绝缘漆的薄硅钢片叠压制成，如下右图所示。这样，涡流被限制在狭窄的薄片之内，电路中的电阻很大，涡流大为减弱，涡流损失大大降低。铁心采用硅钢片，是因为这种钢比普通钢的电阻率大，可以进一步减少涡流损失。硅钢的涡流损失只有普通钢的 1/5 ~ 1/4。

在各种电动机、变压器中，涡流是有害的，要采取各种办法来减弱它。但涡流也是可以利用的。

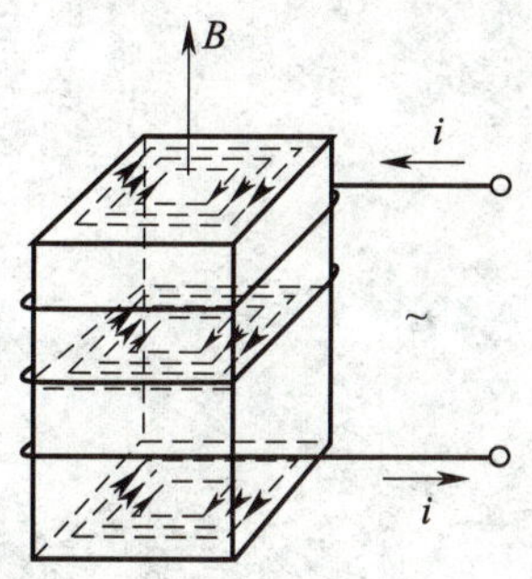

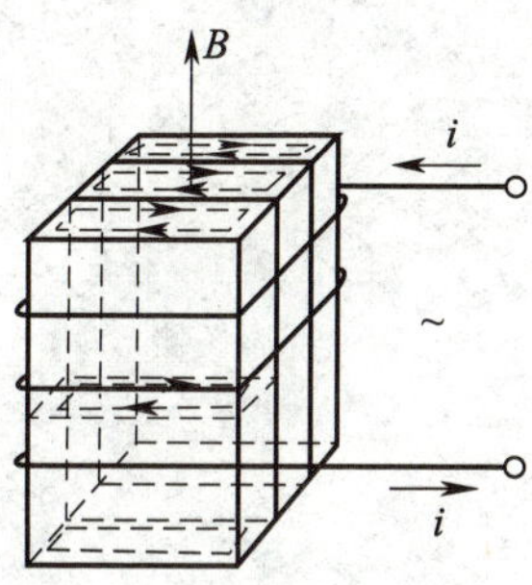

右图所示为冶炼金属用的高频感应炉的示意图。这种电炉利用涡流熔化金属。冶炼炉内装入被冶炼的金属，让高频交流电通过线圈，被冶炼的金属中就会产生很强的涡流，从而产生大量的热使金属熔化。这种冶炼方法速度快，温度容易控制，能避免有害杂质混入被冶炼的金属中，适于冶炼特种合金和特种钢。

第12章 光的折射及其应用

§12.1 光的折射

一、折射定律

想一想

唐朝诗人储光羲有一首名为《钓鱼湾》的诗："垂钓绿湾春，春深杏花乱。潭清疑水浅，荷动知鱼散。日暮待情人，维舟绿杨岸。"请同学们思考，"潭清疑水浅"一句反映了什么物理现象？

一般来说，光从介质1射到它与介质2的分界面时（图12—1—1），一部分光会返回介质1，这种现象叫作**光的反射**；另一部分光则会进入介质2，这种现象叫作**光的折射**。

我们在初中已经学过，当发生反射现象时，反射光线与入射光线、法线处在同一平面内，反射光线与入射光线分别位于法线的两侧，反射角等于入射角。这就是光的**反射定律**。

那么，光在折射时遵循哪些规律呢？

在图 12—1—1 中，入射光线与法线间的夹角 θ_1 叫作**入射角**，折射光线与法线间的夹角 θ_2 叫作**折射角**。

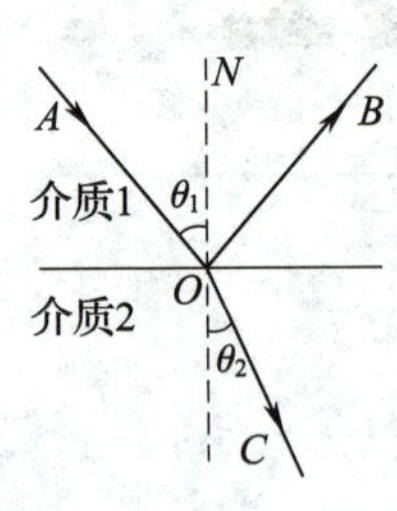

图 12—1—1

实验表明，当入射角变化时，折射角随之变化。

1621 年，荷兰数学家斯涅耳在分析了大量实验数据后得出结论：**折射光线与入射光线、法线处在同一平面内，折射光线与入射光线分别位于法线的两侧，入射角的正弦与折射角的正弦成正比**。这就是**折射定律**。用公式表示为

$$\frac{\sin\theta_1}{\sin\theta_2}=n_{12} \quad (1)$$

式中，n_{12} 为比例常数，它的大小与入射角、折射角的大小无关，只与两种介质的性质有关。

实际上，式(1)也可变形为

$\sin\theta_1=n_{12}\sin\theta_2$

由此可知，当 θ_1、θ_2 中任意一个为零，另一个也必为零。

二、折射率

当光线从真空射入某种介质时（设入射角为 θ_1，折射角为 θ_2），这种介质的性质直接决定了比例常数 n_{12} 的大小，此时可以把 n_{12} 简单地记为 n，叫作这种**介质的折射率**，式（1）则变为

$$\frac{\sin\theta_1}{\sin\theta_2}=n \quad (2)$$

对于不同的介质，折射率 n 是不同的（表 12—1—1）。需要说明的是，就研究光的折射而言，空气与真空的性质十分接近。有时可以忽略两者的差别，应用式（2）解决空气与其他介质之间的折射问题。

表 12—1—1　　几种介质的折射率

物质种类	折射率
金刚石	2.42
玻璃	1.5 ～ 1.9
水晶	1.55
甘油	1.47
酒精	1.36
水	1.33
空气	1.000 28

例题　已知玻璃的折射率是 1.55，水的折射率是 1.33，当光线以

入射角 30° 从空气分别射入上面两种介质时，问：

（1）光线的折射角分别是多少？

（2）从计算结果看，当光线从空气入射时，若入射角一定，折射角大小与介质的折射率大小之间有什么关系？

解 （1）由 $\frac{\sin\theta_1}{\sin\theta_2}=n$ 可知，$\sin\theta_2=\frac{\sin\theta_1}{n}$

当介质为玻璃时，$\sin\theta_2=\frac{\sin\theta_1}{n}=\frac{\sin30°}{1.55}=0.323$

光线的折射角为 $\theta_2=18.8°$

当介质为水时，$\sin\theta_2'=\frac{\sin\theta_1}{n}=\frac{\sin30°}{1.33}=0.376$

光线的折射角为 $\theta_2'=22.1°$

（2）从计算结果可以看出，当入射角一定时，光线的折射角随着介质折射率的增大而减小。也就是说，折射率越大的介质，对光线的折射程度也越大。

体验与探索

如图 12—1—2 所示，在杯子中装一些水，将筷子插入水中，斜靠在杯口，你能观察到什么现象？你能解释产生这个现象的原因吗？

如果在杯中装入半杯水和半杯甘油，再插入筷子，你又能观察到什么现象？这又是为什么呢？

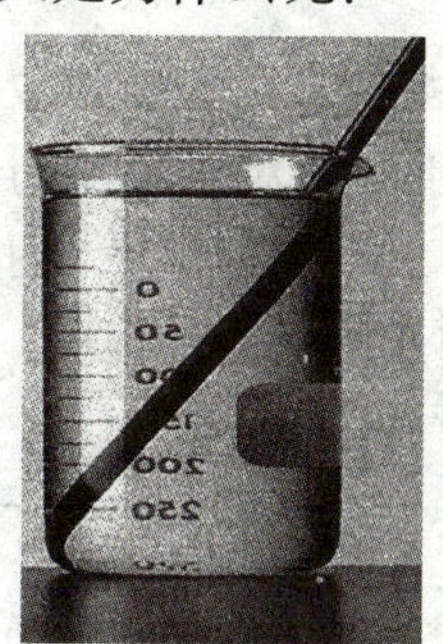

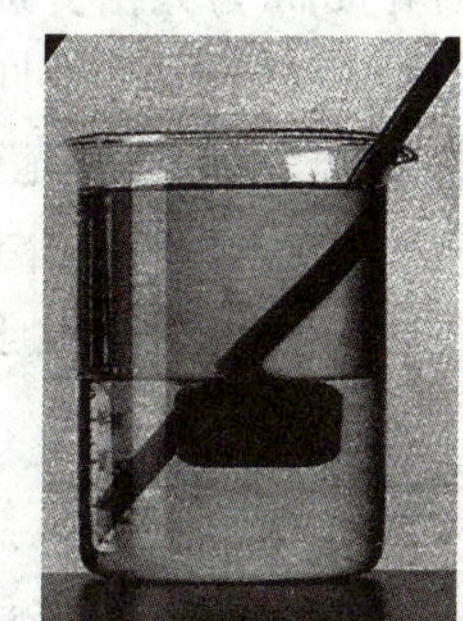

图 12—1—2

练习与巩固

1. 关于光的折射，下列说法中正确的是（　　）。

A. 折射光线一定在法线和入射光线所确定的平面内

B. 入射光线、法线和折射光线不一定在一个平面内

C. 入射角总大于折射角

D. 入射角总小于折射角

2. 在下图中，有入射光线、反射光线和折射光线三条光线；有空气和玻璃两种介质。那么，________是法线，反射角为________，折射角为________，界面的________侧是玻璃。

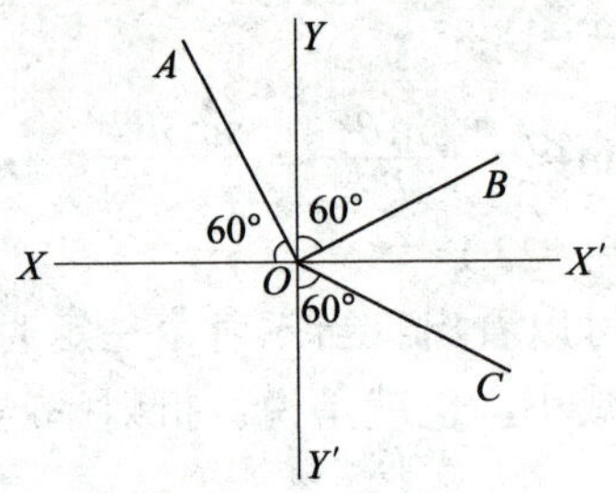

§12.2　全　反　射

一、全反射与临界角

不同介质的折射率不同，我们把折射率较小的介质称为**光疏介质**，把折射率较大的介质称为**光密介质**。

所有介质相对于真空都是光密介质。

光疏介质与光密介质是相对的，例如水、水晶和金刚石三种物质相比较，水晶相对于水来说是光密介质，相对于金刚石来说则是光疏介质。光由光疏介质射入光密介质时，折射角小于入射角；光由光密介质射入光疏介质时，折射角大于入射角。

实　验

如图 12—2—1 所示，让一束激光从半圆形玻璃砖的弧面沿半径射到 AB 界面的 O 点，旋转玻璃砖，改变入射角 i，我们可以看到入射角 i 增大时，折射角 r 也增大，折射光线越来越暗，反射光线却逐渐变亮。当入射角 i 增大到某一角度时，折射角 r 达到 90°，折射光线则完全消失，只剩下反射光线。

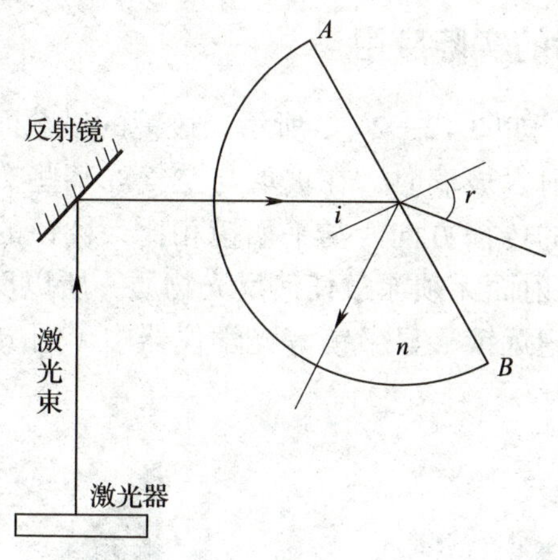

图 12—2—1

请思考：此实验中，激光束入射玻璃砖时，折射角与入射角的大小有没有差别？为什么？

从上面的实验中我们知道，当光线从光密介质射入光疏介质时，同时发生折射和反射。当入射角大于某一角度时，折射光线完全消失，只有反射光线，这一现象叫作**全反射**。光线刚好发生全反射，即折射角等于 90° 时对应的入射角叫作**临界角**。

光从某介质射入空气时，发生全反射的临界角 C 与该介质折射率 n 的关系是

$$\sin C=\frac{1}{n}$$

想一想

根据表 12—1—1，可以分别计算出光在下列几种介质与空气的交界面上发生全反射的临界角，并填入表 12—2—1 中。

表 12—2—1

物质种类	临界角
金刚石	
水晶	
甘油	
酒精	
水	

二、全反射的实际应用

全反射棱镜 如图 12—2—2 所示，棱镜的横截面是等腰直角三角形。当光线垂直射入玻璃时，在玻璃与空气的某些交界面上发生的全反射，改变了光的传播方向。与平面镜相比，棱镜的反射率高，几乎可达 100%，且反射面无须涂敷任何反光物质，所以反射失真小。这种棱镜在照相机、望远镜、显微镜等光学仪器中（图 12—2—3）获得了广泛的应用。

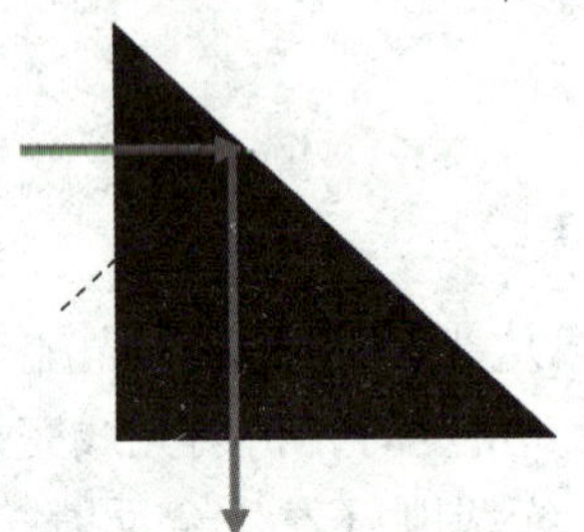

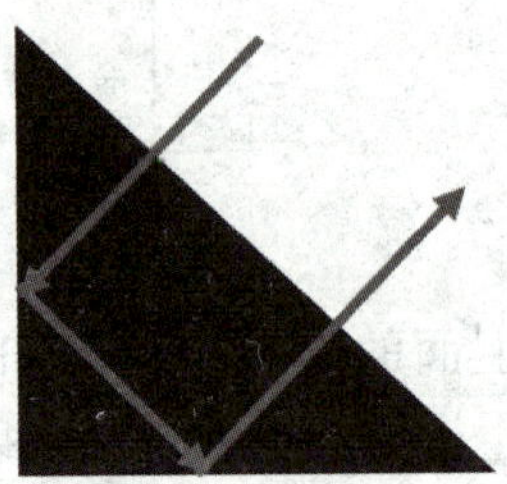

图 12—2—2

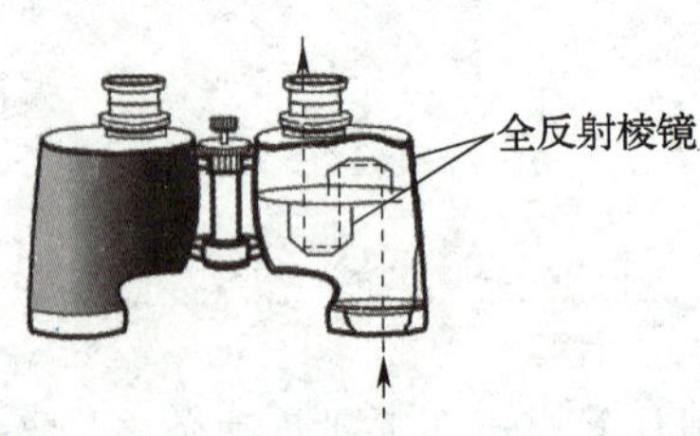

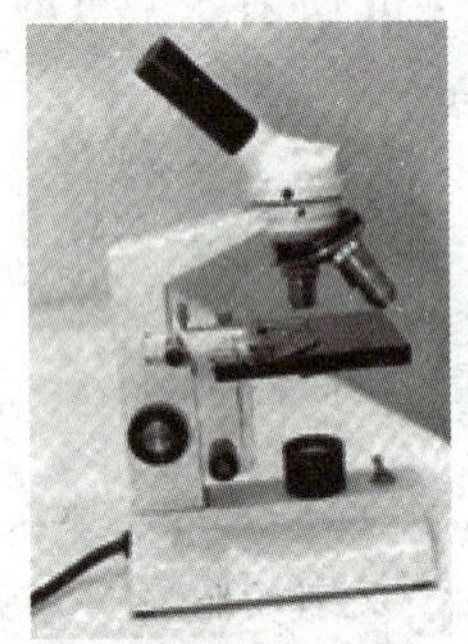

图 12—2—3

光导纤维 我们常常听说的“光纤通信”就是利用了全反射的原理。这里所说的光纤，就是光导纤维的简称。

实际应用的光导纤维是一种非常细的特制玻璃丝（图 12—2—4），直径只有几微米到 100 微米，主要由纤芯、包层和涂覆层组成。

图 12—2—4

光纤导光的原理是：光在光纤中传

播时，通过纤芯、包层界面发生的光的全反射，使得光在光纤内沿着锯齿形路线传播（图 12—2—5）。

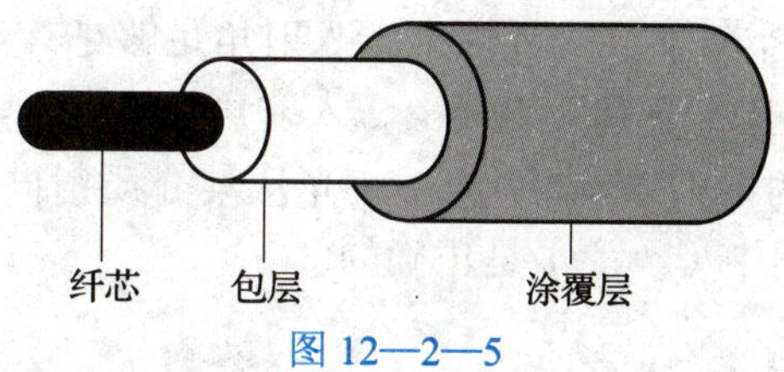

图 12—2—5

当载有信息的激光从光纤的一端输入后，通过光纤，可以将这些信息传至遥远的另一端，从而实现光纤通信。

光纤通信的主要优点是容量大。一路光纤的传播能力理论值为 20 亿路电话，1 000 万路电视。此外，光纤传输还具有衰减小、抗干扰性强等多方面的优点。

医学上用光导纤维制成内窥镜（图 12—2—6），用来检查人体的食道、胃、肠等脏器。

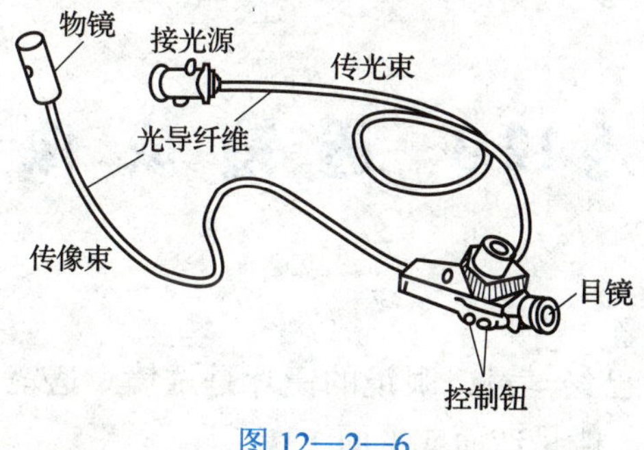

图 12—2—6

体验与探索

1. 清晨阳光下草叶上的露珠显得很明亮，玻璃中的气泡看起来特别明亮。你能用全反射的知识来解释这些现象吗？

2. 借助网络等资源，请同学们初步了解一下我国光纤通信事业发展的现状，特别是你所在地区或城市的光纤通信应用情况。

练习与巩固

1. 光线在玻璃和空气的交界面上发生全反射的条件是（　　）。

A. 光从玻璃射到交界面上，入射角足够小

B. 光从玻璃射到交界面上，入射角足够大

C. 光从空气射到交界面上，入射角足够小

D. 光从空气射到交界面上，入射角足够大

2. 某介质的折射率为$\sqrt{2}$，一束光从某介质射向空气，入射角为60°，下列光路图中（　　）是正确的。

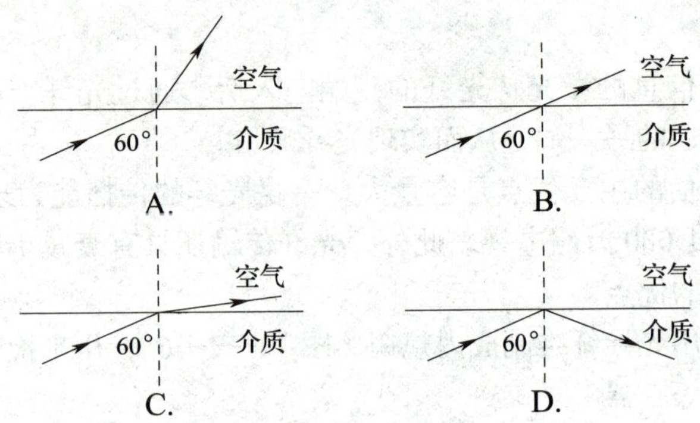

§12.3 透 镜 成 像

一、透镜

我们在初中已经学过，眼镜的镜片是透镜。透镜由两个折射曲面组成，折射曲面一般是球面或平面。

想一想

成书于西汉年间的《淮南万毕术》中有这样的记载："削冰令圆，举以向日，以艾承其影，则火生。"古人这种用冰取火的奇思妙想，即便在今天看来，也是极富创造力和想象力的。你能想象古人将冰削成怎样的"圆"吗？

图 12—3—1a 所示的一组透镜，中央厚、边缘薄，我们把它们称为凸透镜，可用图 12—3—1b 所示符号表示。图 12—3—2a 所示的另一组透镜，中央薄、边缘厚，我们把它们称为凹透镜，可用图 12—3—2b 所示符号表示。

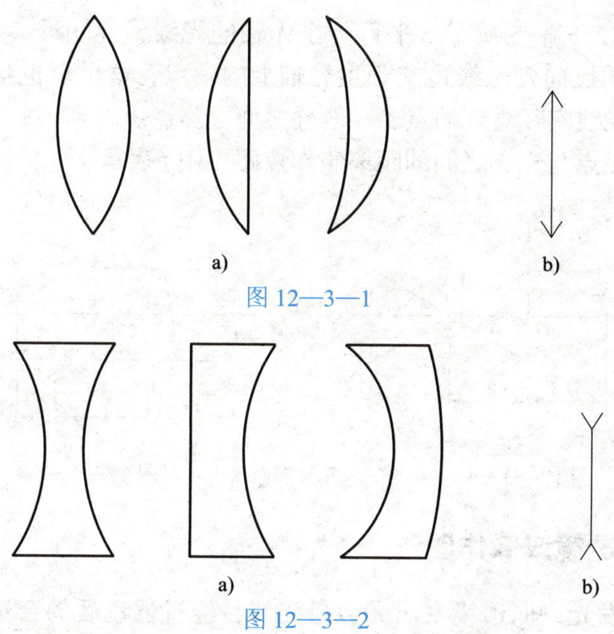

如果透镜的厚度比它的球面半径小得多，则可被称为薄透镜。本书研究的透镜为薄透镜。

通过初中阶段的学习我们知道，凸透镜对光线起会聚作用，因此我们把凸透镜叫作**会聚透镜**；而凹透镜对光线起发散作用，因此我们把凹透镜叫作**发散透镜**。

二、光轴　光心　焦点　焦距

如图 12—3—3 所示，我们把通过透镜两球面球心 C_1、C_2 的直线叫作透镜的**主光轴**，把主光轴与透镜的交点（透镜的中心）叫作**光心**。

对于薄透镜来说，主光轴与透镜可视为只有一个交点。

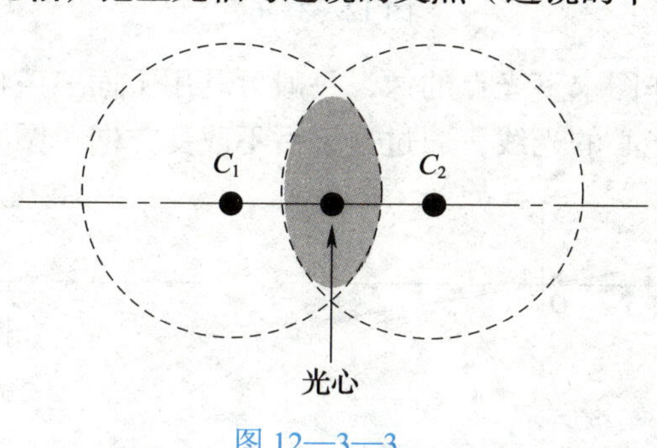

图 12—3—3

如图 12—3—4 所示，平行于主光轴的光线，经凸透镜后会聚于主光轴上的一点，这个点叫作**焦点**，用 F 表示。因为这是光线实际会聚的点，一般称之为**实焦点**。

如图 12—3—5 所示，平行于主光轴的光线，经凹透镜后被发散，发散光线的反向延长线也交于主光轴上的一点，这个点也是**焦点**。因为它不是光线实际会聚的点，一般称之为**虚焦点**。

透镜焦点与光心之间的距离叫作**焦距**，用 f 表示。

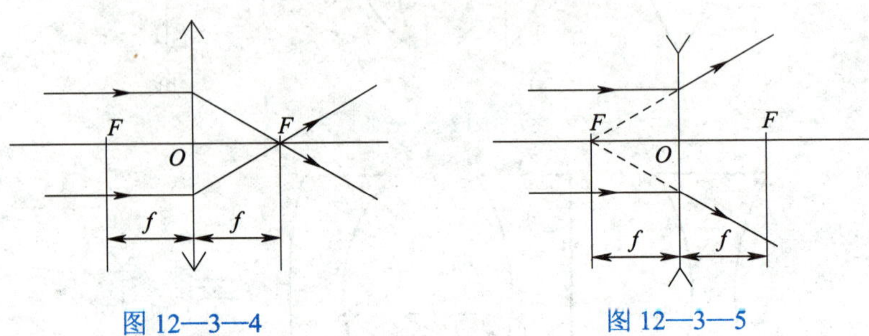

图 12—3—4　　图 12—3—5

三、透镜成像作图法

一个发光点向透镜发出无数条光线，经过透镜后的会聚点就是发光点的**像**（图 12—3—6）。

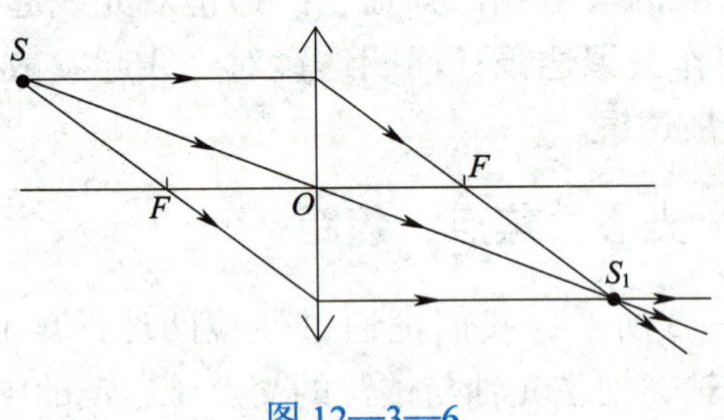

图 12—3—6

用几何法作图求发光点的像，一般可利用下面三条特殊光线。

（1）经过光心的光线，通过透镜后不改变方向（图 12—3—7）。

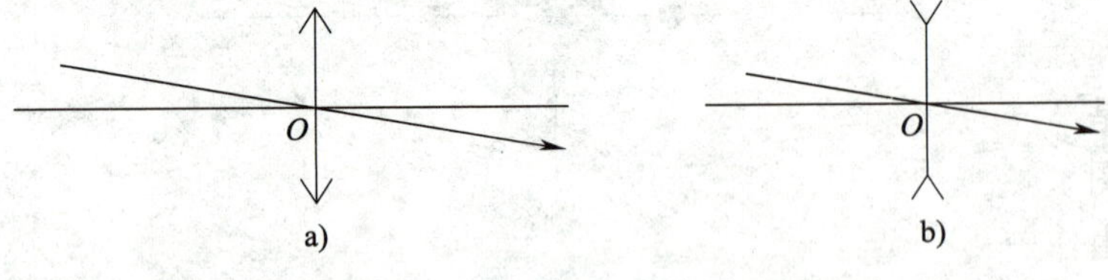

图 12—3—7

（2）平行于主光轴的光线，通过透镜折射后经过焦点（图 12—3—8）。

（3）经过焦点的光线，通过凸透镜折射后平行于主光轴（图 12—3—9）。

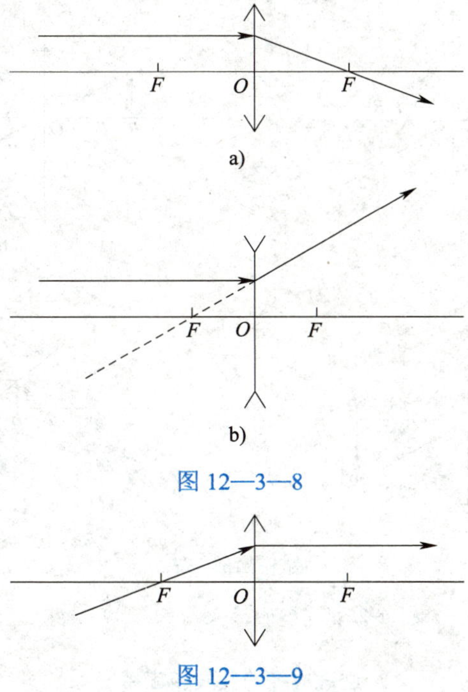

图 12—3—8

图 12—3—9

一般情况下，只要找出物体上下两个端点的像，就可以确定整个物体的像，因为物体上其他各点的像都在这两个像点之间（图 12—3—10）。

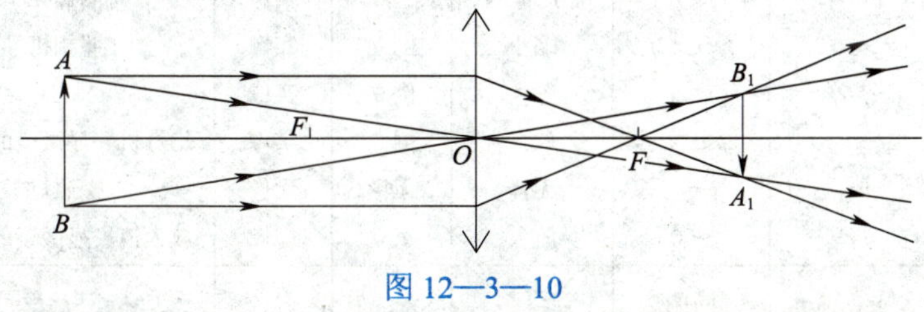

图 12—3—10

我们把物体到光心的距离叫作物距，用 u 表示。把像到光心的距离叫作像距，用 v 表示。物体在不同位置时，经凸透镜所成像的大小、性质是不同的。

图 12—3—11 所示为物体位于不同区域时凸透镜所成像的情况。

由作图可知凸透镜成像的特点：实像总是与物体分居于透镜的两侧，且是倒立的；虚像总是与物体位于透镜的同侧，且是正立的。

用于凸透镜成像作图的三条特殊光线，同样也适用于凹透镜成像。不论物体 AB 放在凹透镜的焦点以内还是焦点以外，总是成正立的、缩小的虚像。表 12—3—1 列出了透镜成像的性质和应用。

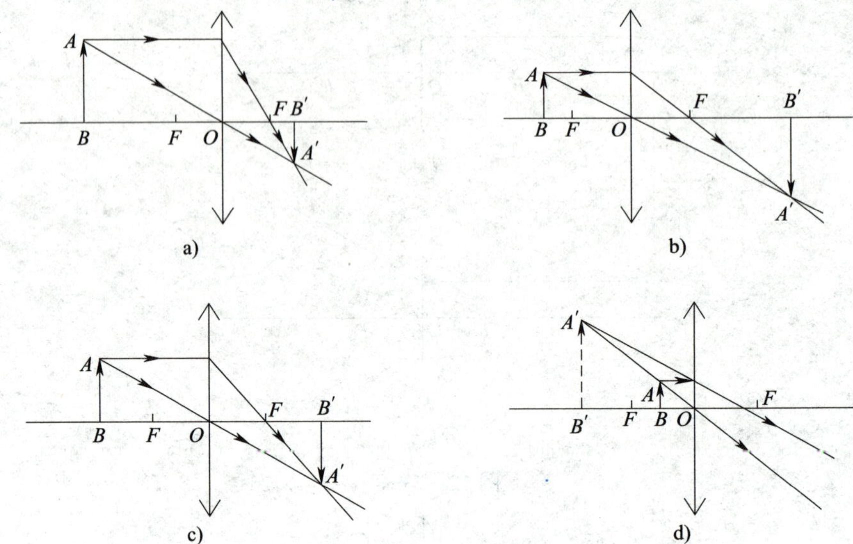

图 12—3—11

a）$u>2f$　b）$f<u<2f$　c）$u=2f$　d）$u<f$

表 12—3—1　　透镜成像的性质和应用

透镜	物的位置	像的性质				应用
		像的位置	像的大小	倒、正	虚、实	
凸透镜	$u=\infty$	$v=f$	缩小为一点	一点	实像	测焦距
	$\infty>u>2f$	$f<v<2f$	缩小	倒立	实像	照相机
	$u=2f$	$v=2f$	等大	倒立	实像	—
	$2f>u>f$	$2f<v<\infty$	放大	倒立	实像	幻灯机、显微镜的物镜
	$u=f$	$v=\infty$	无像	无像	无像	探照灯
	$u<f$	$v<0$*	放大	正立	虚像	放大镜、显微镜的目镜
凹透镜	在主光轴上的任意位置	同侧 $v<0$*	缩小	正立	虚像	近视眼镜

* $v<0$ 是指像与物居于透镜同侧。

体验与探索

1. 为了防止森林火灾，在森林里不允许随地丢弃透明的液体饮料瓶，这是为什么呢？

2. 如图 12—3—12 所示，字卡靠近杯子边缘时字会放大，远离杯子边缘时字会缩小，请解释原因。

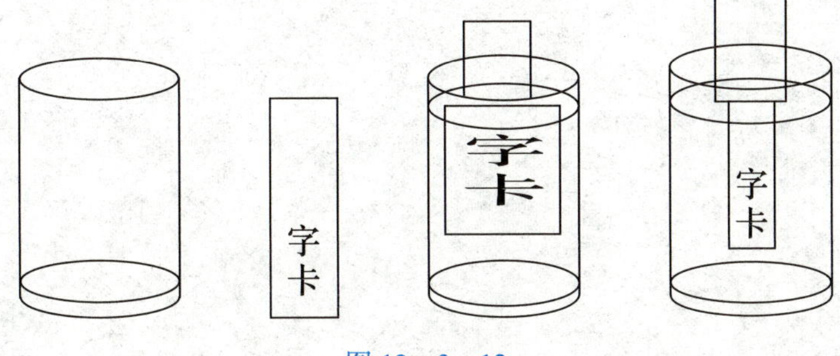

图 12—3—12

练习与巩固

1. 凸透镜对光有________作用，又称____透镜；凹透镜对光有________作用，又称____透镜。

2. 下列光学器件中不是凸透镜的是（　　）。

A. 照相机的镜头　　B. 放大镜

C. 近视眼镜　　D. 老花眼镜

3. 一束光线射向某光学器件后的传播情况如下图所示，请在图中恰当位置画出一种适当类型的镜子，并把光路图补充完整。请你至少想出三种方法。

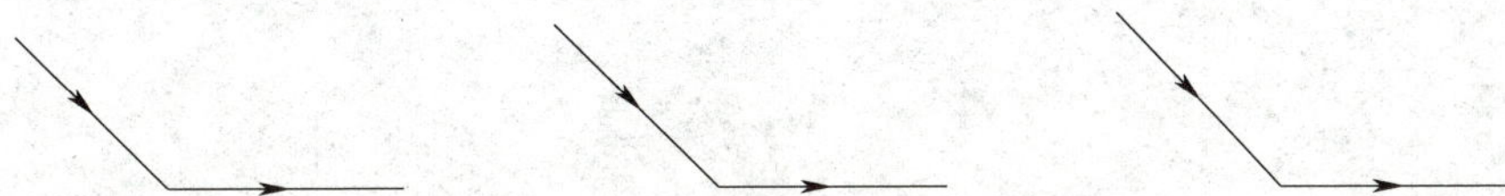